図解
使える統計学

视觉新知口袋书系列

统计学入门
很简单

图解版

看得懂的极简统计学

[日] 涌井良幸 涌井贞美 著

刘楚姮 译

人民邮电出版社
北京

图书在版编目（CIP）数据

统计学入门很简单：看得懂的极简统计学 ／（日）涌井良幸，（日）涌井贞美著；刘楚姮译. -- 北京：人民邮电出版社，2019.9
ISBN 978-7-115-51434-9

Ⅰ. ①统… Ⅱ. ①涌… ②涌… ③刘… Ⅲ. ①统计学－基本知识 Ⅳ. ①C8

中国版本图书馆CIP数据核字(2019)第105676号

内 容 提 要

本书围绕搜集数据、分析数据以及得出统计结论这一主线，全面、系统地讲解了有关统计学的基础知识。其内容涉及统计原理、基本方法及发展应用，以及参数估计、假设检验、线性回归、实际应用等几个方面的有关知识。另外，本书还讲解 Excel 中几种常见的统计指标的计算方法，作为内容补充和完善。

本书文字简洁明晰，讲解简单易懂，注重结合实例介绍理论知识，不拘泥于繁杂的运算，深入浅出，从名词概念到原理方法，内容连贯，方便掌握，适合统计学初学者、对统计学感兴趣的读者以及想要学习运用统计知识的调研者使用。

◆ 著　　　　[日]涌井良幸　涌井贞美
　　译　　　　刘楚姮
　　责任编辑　郭　媛
　　责任印制　周昇亮

◆ 人民邮电出版社出版发行　　北京市丰台区成寿寺路 11 号
　　邮编　100164　　电子邮件　315@ptpress.com.cn
　　网址　https://www.ptpress.com.cn
　　涿州市殷润文化传播有限公司印刷

◆ 开本：850×1100　1/32
　　印张：7.875　　　　　　　　　2019 年 9 月第 1 版
　　字数：197 千字　　　　　2024 年 10 月河北第 22 次印刷
　　著作权合同登记号　图字：01-2017-6258 号

定价：49.80 元

读者服务热线：(010)81055296　印装质量热线：(010)81055316
反盗版热线：(010)81055315
广告经营许可证：京东市监广登字 20170147 号

译者序

　　放眼望去，我们生活的世界正在发生着深刻的变化，其变化速度已经不能再用日新月异来形容。甚至说，我们每一秒都处在信息爆炸之中。新闻、娱乐、广告、科技等信息像海浪一样将我们淹没。进入21世纪，人类的数据总量以指数增长的势态飞速膨胀，我们已经进入大数据时代。麦肯锡预言，数据将成为重要的生产因素。海量增长的数据为我们提供了无尽的可能性。例如在电商领域，运用人工智能对用户的购买喜好和浏览历史等数据进行深度解析，可以挖掘出用户需求，并进行精准营销。另外，通过数据识别把握市场的整体需求，可以进一步优化生产和运输，计算最短运输路径，安排最合适的生产计划，监控工艺和质量，进而提高供应链的效率。大数据还可以帮助我们处理社会问题，例如，利用人脸识别技术进行侦查破案，利用新媒体传播舆情实现社会舆论监督等。

　　在数据智能化的时代，统计学是我们探索世界的必备工具。世界越变越精彩，同时也越来越复杂。统计学是一种量化的手段。将真实世界中可能发生的事件赋予"概率"的含义，并基于概率计算出期望值。这样，我们可以在纷繁的选项中找出一条通向未来的路，这称为科学决策。同时，统计学又是一种把握问题的方法。将大量数据去粗取精，留下它们最想要讲的故事，这称为定量分析。

　　本书用通俗易懂的语言，图文并茂地讲解了统计学世界中最基本的理论知识，并且结合生动的案例解释了统计学在各个领域的应用，小到平常生活，大到治理国家，无一不与"统计学哲学"有关。本书极力想要向读者传达，统计学正是一门贴近现实的科学，并且它可以解释这个世界运行的基本规律。比如根据大数定律，人的幸运与不幸虽然是一个概率问题，但是只要坚持不懈地尝试，幸运的天平终将会向努力的人倾斜。

这不仅是一本关于科学的书，更是一本富含哲理的书。对于译者来说，翻译的过程也是一个仔细研读的过程。虽然本书介绍的是统计学的基础，但是更着墨于基础知识的现实运用，非常具有启发性。当你遇到千头万绪无法归纳时，或是利益纠缠无法权衡时，不妨参考这本简单易懂的"统计学哲学"，或许可以为你点亮一盏灯。

刘楚姮
2019年2月10日于东京

序言

一百年以前，普通的人基本上没有接触到统计数据的机会。但是，在信息化高速发展的当今社会，我们正生活在信息的海洋里。因此，在现代社会里我们必须具备使用统计学处理信息的基本素养。通过学习统计学，大家可以掌握以下两项重要的能力。

第一，能够处理大量的数据。在信息化社会，面对工作和生活，我们必须能够正确处理手中的数据，并做出恰如其分的判断。

第二，能够正确理解数据分析的结果。当看到来自各种不同领域的统计数据时，大多数人倾向于认为所见即正确。然而，统计数据一定在某种程度上反映了数据创作者的意图，有时候甚至可能是人为捏造出来的。能正确理解数据传递出的信息是非常必要的。

本书是一本入门级别的介绍统计学基础知识的书，即便是只有初中数学水平的读者，也能轻松读懂。笔者真心地希望，通过阅读本书，大家能掌握统计学的基础知识，轻松应对现代生活。

最后，值本书发稿之际，向曾经悉心指导过笔者的角川中经出版社的若月孝之先生表达由衷的感激之情。

涌井良幸
涌井贞美

本书的使用方法

- 本书的难度相当于初中数学水平。学习本书内容，可以了解到现代统计学的基本思想。阅读本书时，不需要任何计算机方面的知识。不过，有时需要使用计算机解决书中复杂的计算问题（微软Excel软件的2007以上版本）。如果对本书涉及的计算机进行数据处理的内容有疑问的话，参考附录解说。

- 为了方便阅读，本书在计算时，数据都做了四舍五入处理。因此，求和时小数最后一位可能会对不上，求积的结果可能会有出入。数据的计算部分如果有错误还请见谅。

- 本书所使用的数据如果没有标注都是虚拟的。

目录

第2章 【基础篇】概率／总体／样本............31

第3章 【基础篇】估计／检验的基本思想.....61

第 4 章　【基础篇】
回归分析 / 方差分析 / 贝叶斯统计学...81

第 5 章　【发展应用篇】数据的应用 115

第6章　【发展应用篇】
概率/总体/样本的应用 127

第7章　【发展应用篇】估计/检验的应用 141

第8章 【发展应用篇】
回归分析 / 方差分析 / 贝叶斯统计学的应用 181

附录 A　使用 Excel 的求解方法 216

附录 B　使用 Excel 分析案例 224

0

【序章】

作为工具的统计学

（统计学的必要性）

为什么如今统计学备受推崇

最近几年，统计学突然以惊人的速度流行起来。为什么它会受到社会的广泛关注呢？

最近几年，统计学突然以惊人的速度流行起来。为什么它会受到社会的广泛关注呢？

近年来，伴随着计算机性能的提升，我们的生活变得更加信息化。因此，现代社会也被称作信息化社会。在互联网上，每天都产生着大量的信息。真不愧是"大数据的时代"啊！身处这样的时代，具备统计分析的能力有如下两点好处。

第一，能够处理大量的数据。在IT技术普及的当今社会里，如果不能掌握处理大量数据的能力，数据对我们来说不过是一座垃圾山。只要能掌握一点点的统计分析能力，我们就能把垃圾变为宝藏。在信息化社会，面对工作和生活，我们必须能够正确处理手中的数据，并做出恰如其分的判断。

第二，能够正确理解数据分析的结果。现在，各路媒体把来自不同领域的统计数据稍做加工，就大肆散布。然而，这些报道是否正确让人心存疑惑。很有可能，它们是被人为捏造出来的。如果我们稍微具备一点统计学的知识，就能识别出这些信息的真伪。

[使用统计方法处理数据]

把数据当作原材料，可以烹饪出各种各样的美食！

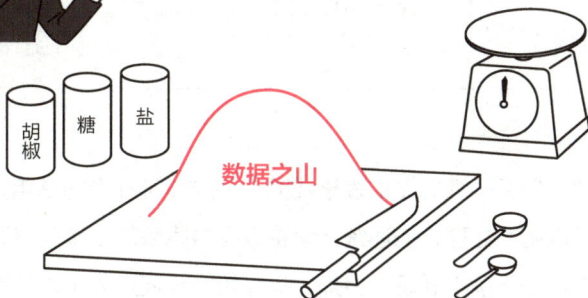

胡椒　糖　盐

数据之山

[正确理解数据分析的结果]

某新闻：

我们对 1000 人进行了问卷调查，结果显示某内阁的支持率上涨了 1 个百分点，因此，某内阁的人气有上升。

人气真的有上升吗？是不是误差呢？本杰明·迪斯雷利有一句名言："世界上有三种类型的谎言：谎言、该死的谎言以及统计数据。"

统计学的分类

统计学的目标是，理解数据中隐藏的本质信息。但是，根据达成其目标的方法不同，统计学可以分为不同的类型。

把整理后的数据做成表格或图表是描述统计学的常用方法。通过这样视觉化的处理，描述统计学将数据中隐藏的基本信息更直观地展示出来，便于读者理解。另外，描述统计学还运用平均值和方差这类简单的数值，直接体现数据的特征。

它能够如此简洁明了地展示数据的特征，因此成为展示研究成果、策划方案和商品说明等必不可缺的重要方法。从前，我们总是在数据处理上耗费巨大精力，现在使用计算机就能轻松地完成了。

相对于描述统计学的是数理统计学，这是一种频繁使用到数学工具的统计学。推断统计学是其中一个分支，是一种用部分推测整体的统计学。推断统计学和描述统计学对概率的解释，是它们根本的分歧点。

很久以前，推断统计学还只是一种基于概率论（数据可以多次取样）的统计学，但是近年来，贝叶斯统计学（一种主张数据只能一次性获取的统计学）逐渐成为主流思潮。据说这种统计方法包含了经验性分析，相对容易理解。

此外，当存在大量变量时（例如，在公司销售、广告费用、员工数量等的情况下），这些变量的多元分析也是数理统计学的重要领域。

[统计学的分类]

统计学的分类大致如下，本书主要研究红色字体标注的范围。

传统的统计学
（概率论和样本理论）

使用数学概率论，调查样本特征从而掌握整体的状况。

描述统计学

把整理后的数据做成表格或图表，用于研究发表、公司内部的方案展示等。

推断统计学

使用数学上概率的思想进行分析。

统计估计
（调查100人的身高从而推测出世界的平均身高）
统计检验
（判断世界平均身高是否有变化）
方差分析
（公司的营销策略是否有效）

数理统计学

使用数学工具进行数据解析。

多变量解析

使用矩阵、向量和微积分等数学工具，找出数据背后的隐藏信息，从而解出多个变量之间的关系。
多变量解析还可以用于大数据分析。

贝叶斯统计学

基于贝叶斯定理关于概率的部分。

回归分析
主成分分析
判别分析
因子分析
协方差分析
聚类分析
定量分析
……

关于决策的理论、人工智能、贝叶斯过滤营销理论、贝叶斯网络博弈论……

统计学的历史即人类的文明史

统计学的历史始于人类文明的起源。直到现代，统计学根据社会的需求一直不断发展。计算机技术的发展为统计学带来了深刻的变革。

公元前，古埃及为了建造金字塔，就已经开展了统计调查活动。古罗马也会对人口和土地进行调查（census）。此时的"census"也是今天"人口普查"的词源。这样看来，"统计"和"国家"从很久以前就已经密切相关。"统计"的英语单词"statistics"和德语单词"statistik"来自拉丁语"status"（国家/状态）。执政当局为了征税和征兵，必须要能够准确掌握国家的状况。因此，自17世纪以来，为研究如何进行人口调查，统计学正式开始成为一门学科。

到了现代，并不是只有执政当局需要用到统计学。社会科学和自然科学领域的研究人员，也需要处理大量数据。公司和个人为了追求利润和发展，也必须使用到统计学。此外，随着现代计算机技术的发展，统计学的应用也扩展到各个研究领域。在信息时代，统计学的确可以称作最强有力的武器。

［统计学的历史进程］

公元前3000年   古埃及 为建造金字塔进行的统计调查

公元元年   古罗马 对土地和人口的调查（census）

公元1600年   人口调查所使用的统计学——描述统计学
概率的思想
机械式计算机的发明

公元1700年   贝叶斯定理的发表（1763年）

公元1800年   明治元年（1868年）

公元1900年   用部分推测整体——推断统计学
电子计算机的登场
贝叶斯统计学的浪潮
个人计算机普及的开始（1980年左右）

公元2000年   随着计算机技术的成熟，统计学进入
蓬勃发展时期

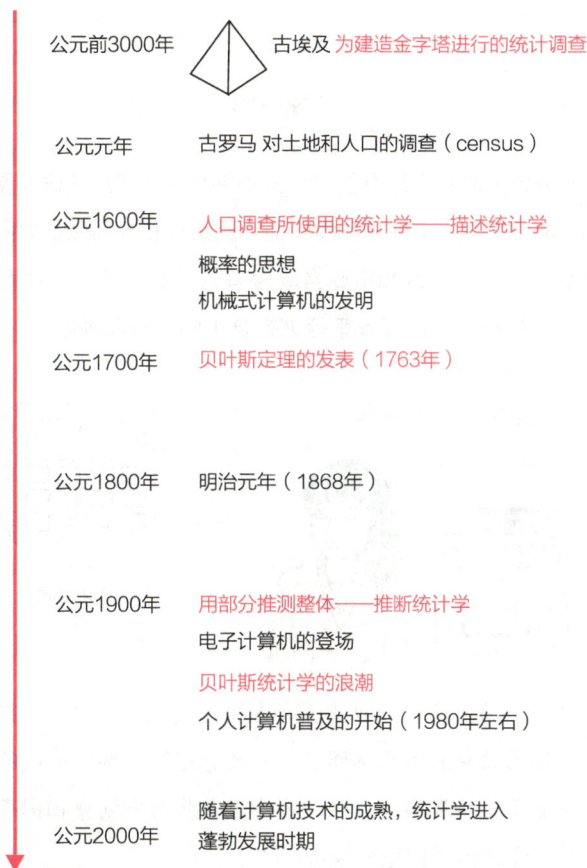

原来统计学的历史超过5000年了！

专栏1

·

开放数据

开放数据的基本思想是："应该提供某些特定的数据以便所有人都可以自由地使用和发布而不受版权和专利保护的限制。"开放数据包含了国家和市政当局保有的公共数据。公民可以利用这些公开数据，对政府政策等进行自由的分析和推断。

此外，公开数据可以实现官方和民间的信息共享，并通过官民协作加强公共服务机构建设，以及通过行政部门提供的信息鼓励民营服务机构发展。这样，将会进一步激发创业和提高企业效率，并在全国范围内振兴经济。

1

【基础篇】

数据的整理方法

（数据应用的基础知识）

数据种类繁多，主要分为定量数据和定性数据

统计就是从各种数据中找出重要的信息，并将其统称为数据，其内容各不相同。

从下一页的材料可以看出，"年龄"或"身高"是由数值表示的，而"名称""性别"和"健康状况"则是由描述性语句表示的。这是由于统计处理的方法不同。在统计学中，通过试验、观察、调查等获得的材料被称为数据。数据大致分为两种类型。

年龄和身高等由具体数值表示的数据，称为定量数据。性别和健康状况等体现了属性和状况的数据，称为定性数据。统计学中提到的数据一般指的是定量数据，但其实定性数据也属于数据。换句话说，定性数据可以转换成可操作的数值。例如，就"健康状况"而言，"差"可以被转换为-1，"正常"为0，"良好"为1。这种处理方法是分析问卷调查的结果的关键。

让我们再看下一页底部的表格，并基于表格来理解与数据相关的基本术语。这张调查表称为原始数据。"岚山樱子"等，代表的每一个调查对象称为个体，调查对象的指标称为变量。像这样的原始数据在统计学中非常重要。这是因为从原始数据中，可以获得各种有用信息，用以支持统计学的计算。

注：我们在报纸和网上看到的数据都是由原始数据处理后得到的，并不是原始数据本身。

[定量数据和定性数据]

定量数据

No.	姓名	性别	年龄/岁	身高/cm	健康状况
1	海野海豚	男	35	172.5	良好
2	岚山樱子	女	28	168.3	正常
3	……	.	……	……	……
4	……	…			

定性数据

数据分为两种类型。

[个人信息是基础数据]

No.	姓名	性别	年龄/岁	身高/cm	健康状态
1	海野海豚	男	35	172.5	良好
2	岚山樱子	女	28	168.3	正常
3	……	…	……	……	……
4	……	…	……	……	……

变量

个体

个人信息

个体名称（要素名称）

个人信息涉及隐私，因此受到保护。它又是非常重要的基础数据，因此一般不予以公开。

11

列表整理使数据的特征显而易见

如果只是随意翻看手中的数据，我们并不能提取出有用的信息。把数据列表整理，其特征就会变得显而易见。当然，这个事情交给计算机来做。

对大量数据进行处理有三个步骤。首先，把数据的可能取值范围划分成几个区间，再对各区间的数据进行计数，最后把各区间数据数量汇总到表格中（表1）。由于该表体现了全体数据在各区间的分布情况，因此称为频率分布表。在这个表中，区间称为组，各组的代表值（通常是各组的中位数）是组值，区间的宽度称为组距。

如果需要处理的数据量太大的话，过去手动创建频率分布表的工作量是非常大的。但是现在操作起来就很简单了，只要输入数据，计算机就能立即创建一个自由分段且宽度相等的频率分布表。接下来，我们需要依靠自己的判断解读此表了。

只看频率分布并不能获得数据数量的信息。换句话说，如果不看数据总数，很难确定各组数据是偏多还是偏少。因此，把各组频率除以总频率，计算出相对频率，就可以理解各组数据相对于整体的比率。描述相对频率分布的表称为相对频率分布表（表2）。相对频率的概念和后面将会学到的概率有关，这使得相对频率分布表在统计学中有很重要的地位。

【数据的列表整理】

数据

零用钱金额 / 日元

```
25000 38000 32000 13000 28000 21000 25000 26000 36000 29000
33000 25000 32000 42000 22000 33000 32000 32000 41000 25000
30000 21000 45000 18000 31000 22000 41000 23000 34000 40000
50000 46000 36000 28000 40000 39000 36000 45000 34000 59000
35000 39000 44000 46000 48000 30000 23000 26000 12000 33000
21000 34000 32000 33000 34000 38000 36000 50000 44000 27000
30000 25000 17000 37000 41000 32000 40000 21000 29000 47000
19000 27000 38000 13000 43000 45000 35000 42000 47000 38000
36000 39000 38000 7000 47000 38000 37000 33000 38000 35000
39000 14000 25000 46000 55000 56000 34000 38000 40000 34000
29000 33000 37000 27000 49000 40000 37000 52000 26000 18000
32000 30000 26000 32000 27000 23000 30000 27000 40000 35000
22000 22000 37000 34000 31000 37000 47000 34000 16000 42000
32000 17000 40000 23000 24000 26000 40000 23000 48000 38000
28000 22000 55000 38000 34000 29000 48000 18000 36000 28000
24000 25000 26000 37000 58000 23000 29000 36000 33000 25000
```

Excel 等统计分析工具

> 列表整理使数据的特征显而易见。

频率分布表 （表1）

组/日元		组值/日元	频率
上限	下限		
5000 ~ 10000		7500	1
10000 ~ 15000		12500	1
15000 ~ 20000		17500	7
20000 ~ 25000		22500	24
25000 ~ 30000		27500	19
30000 ~ 35000		32500	33
35000 ~ 40000		37500	36
40000 ~ 45000		42500	20
45000 ~ 50000		47500	11
50000 ~ 55000		52500	5
55000 ~ 60000		57500	3
		合计	160

Excel 等统计分析工具

> 通过相对频率可以看出出现的概率。

相对频率分布表 （表2）

组/日元		组值/日元	频率	相对频率
上限	下限			
5000 ~ 10000		7500	1	0.00625
10000 ~ 15000		12500	1	0.00625
15000 ~ 20000		17500	7	0.04375
20000 ~ 25000		22500	24	0.15000
25000 ~ 30000		27500	19	0.11875
30000 ~ 35000		32500	33	0.20625
35000 ~ 40000		37500	36	0.22500
40000 ~ 45000		42500	20	0.12500
45000 ~ 50000		47500	11	0.06875
50000 ~ 55000		52500	5	0.03125
55000 ~ 60000		57500	3	0.01875
		合计	160	1

图表化使数据的特征一目了然

在上一节中，我们讲到通过列表整理数据，可以看出数据的特征。但只列表还不够，让我们通过图表化处理来加深对数据的理解。

下一页图1是根据上一节中零用钱的频率分布表绘制的图，称为直方图。这是一个柱状图，横轴是组，纵轴是频率或相对频率。通过直方图可以一目了然地看到频率和相对频率的分布情况。

图2的折线图由直方图的柱形的顶端中点依次连接而成，称为频谱线。

图中零用钱的取值是没有规律的不连续变量。如果是身高或体重这样的连续变量，随着数据量增加，直方图的各柱状区间可以被无限分割。这样频谱线可以变换为如图3所示的频率分布曲线。另外，根据相对频率分布表绘制的图，横轴与折线或曲线围成的面积为1，故又称为概率分布图。这时就可以应用概率的概念了。

> 计算机可以瞬间将表格转换成图表。统计学分析需要借助计算机才能进行。

[数据的图表化处理]

数据

零用钱金额／日元

```
25000 38000 32000 13000 28000 21000 25000 26000 36000 29000
33000 25000 32000 42000 22000 33000 32000 32000 41000 25000
30000 21000 45000 18000 31000 22000 41000 23000 34000 40000
50000 46000 36000 28000 40000 39000 36000 45000 34000 59000
35000 39000 44000 46000 48000 30000 23000 26000 12000 35000
21000 34000 32000 33000 34000 38000 36000 50000 44000 27000
30000 25000 17000 37000 41000 32000 40000 21000 29000 47000
19000 27000 38000 13000 43000 40000 35000 42000 47000 38000
36000 39000 38000 7000 47000 38000 37000 33000 38000 35000
39000 14000 25000 46000 55000 36000 38000 30000 40000 34000
29000 33000 37000 27000 49000 40000 37000 52000 26000 18000
32000 30000 26000 23000 24000 30000 31000 27000 40000 35000
22000 22000 37000 34000 31000 37000 47000 34000 16000 42000
32000 17000 40000 23000 24000 38000 35000 42000 48000 38000
28000 22000 55000 38000 43000 29000 48000 18000 36000 28000
24000 25000 26000 37000 58000 23000 39000 36000 33000 25000
```

Excel 等统计分析工具

频率分布表

组/日元		组值/日元	频率
上限	下限		
5000 ～ 10000		7500	1
10000 ～ 15000		12500	1
15000 ～ 20000		17500	7
20000 ～ 25000		22500	24
25000 ～ 30000		27500	19
30000 ～ 35000		32500	33
35000 ～ 40000		37500	36
40000 ～ 45000		42500	20
45000 ～ 50000		47500	11
50000 ～ 55000		52500	5
55000 ～ 60000		57500	3
		合计	160

直方图

（图1）

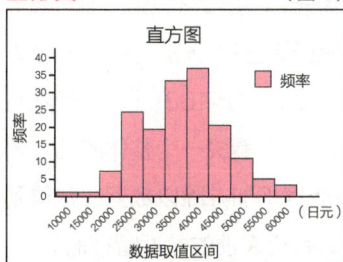

Excel 等统计分析工具

频谱线

（图2）

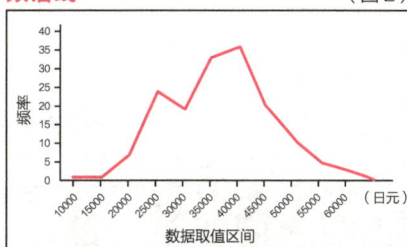

曲线与横轴围成的面积为 1 时，就成了概率分布图。

频率分布曲线

（图3）

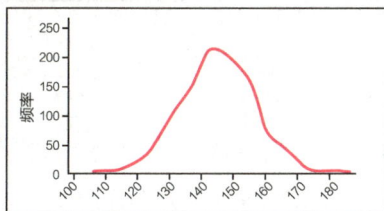

平均值是数据最重要的代表值

用一个特征值可以表示出多个数据的特征。平均值就是统计学中经常用到的一个特征值。

假设老大、老二和老三的身高分别为178cm，167cm和161cm。我们如何只用一个特征值来表示这三个人的身高？三个人的身高相加再除以3，得到（178+167+161）/3=168.7cm。虽然有人的身高高于或低于168.7cm，若是把三个人看成一个整体的话，整体的身高就是168.7cm。像这样把所有数据相加并除以数据总数得到的值，称为平均值。平均值是一个非常具有代表性的数据特征值。

[平均值]

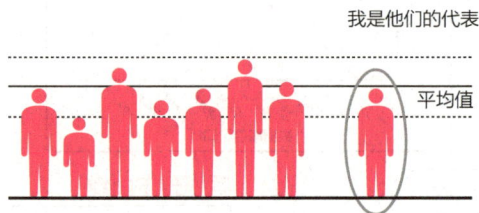

我是他们的代表

平均值

[分布和平均值]

> 原分布的特征都可以用平均值来表示。
> 但是要注意，完全不同的分布也可能具有相同的平均值！

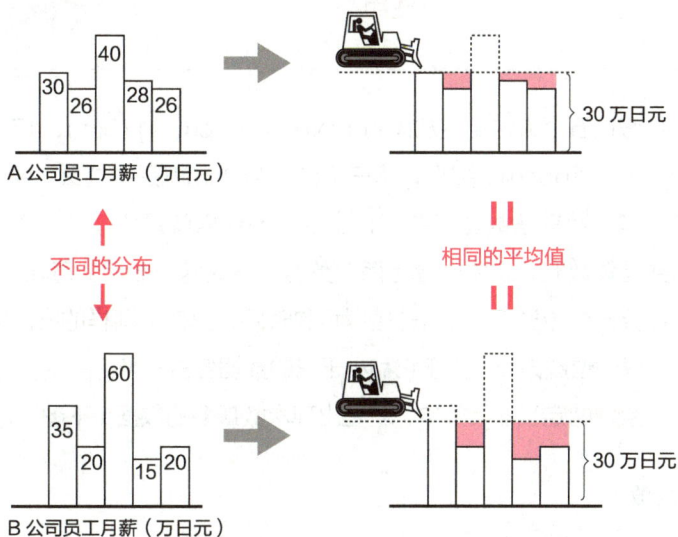

A 公司员工月薪（万日元）

30　26　40　28　26

30 万日元

不同的分布

相同的平均值

B 公司员工月薪（万日元）

35　20　60　15　20

30 万日元

< 平均值的计算公式 >

当有 n 个数据 $\{ x_1, x_2, x_3, \cdots, x_n \}$ 时，

根据如下的公式可以计算出它们的平均值 $\bar{x}$。

$$\bar{x} = \frac{\text{数据总和}}{\text{数据总数}} = \frac{x_1 + x_2 + x_3 + \cdots + x_n}{n}$$

编号	x
1	x_1
2	x_2
3	x_3
⋮	⋮
n	x_n
数据总数	n

中位数/众数也是数据的代表值

除了平均值，还要介绍中位数（median）和众数（mode）这两个数据特征值，它们也被广泛使用。

假设五个人的身高从大到小依次是178cm、175cm、170cm、169cm、165cm。那么，第三个数据170cm就是中位数。像这个例子一样，数据总数是奇数时，正中间的数据就是中位数。如果数据总数是偶数时，正中间会有两个数据，把这两个数相加再除以2就可以计算出中位数了。数据总数为n的时候，也使用同样的方法求中位数。以中位数为界，大于它和小于它的数据各占一半。

众数的定义非常简单，就是出现次数最多的数据（下图）。

[众数]

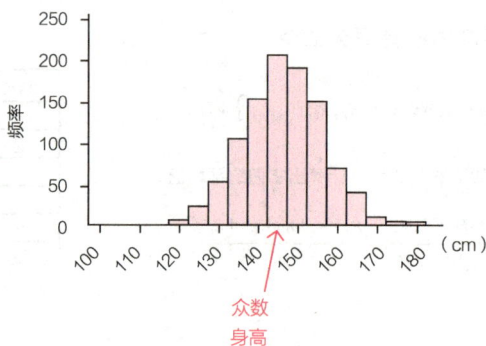

众数
身高

[平均值、中位数、众数的关系]

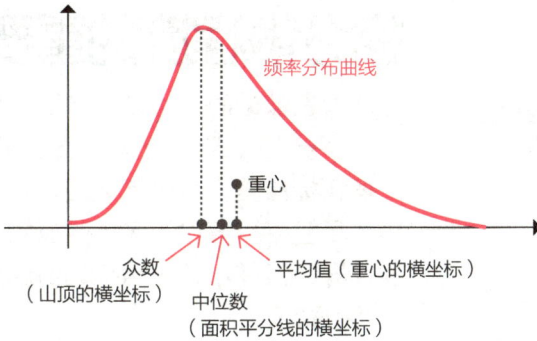

频率分布曲线

●重心

众数
（山顶的横坐标）

中位数
（面积平分线的横坐标）

平均值（重心的横坐标）

在山型的分布中，平均值、中位数和众数的取值相近（上图）。
而在 L 型的分布中，它们的取值差别较大（下图）。

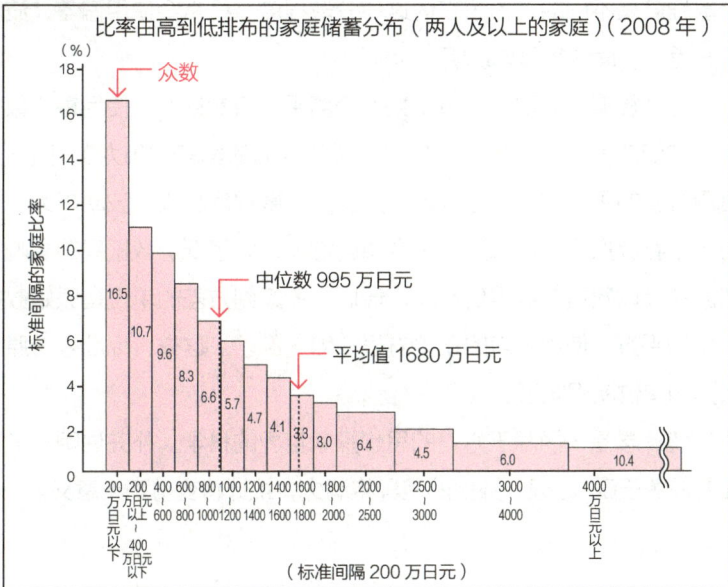

比率由高到低排布的家庭储蓄分布（两人及以上的家庭）（2008 年）

（%）

众数

标准间隔的家庭比率

18
16
14
12
10
8
6
4
2
0

16.5
10.7
9.6
8.3
6.6

中位数 995 万元

5.7
4.7
4.1
3.3
3.0

平均值 1680 万元

6.4

4.5

6.0

10.4

200万元以下
200万元以上
400万元以下
600万元
800万元
1000万元
1200万元
1400万元
1600万元
1800万元
2000万元
2500万元
3000万元
4000万元以上

（标准间隔 200 万元）

方差/标准差是表征数据分散程度的重要指标

处理大量数据时，可以用分散程度来衡量数据的多样性。表示数据的分散程度时多用方差和标准差，其中标准差是方差的正平方根。尽管平均值作为多个数据的代表值时表现优异，但并不是仅用平均值就能掌握数据的所有特征。

下一页表格中，两家公司员工的平均月薪是相同的。但是A公司员工工资差别不大，而B公司员工工资差别很大。换句话说，工资的分散程度是不同的。为了表达这种分散程度，经常会使用偏差、波动和方差。下面进行具体说明。

为了衡量全体数据中每个数据偏离平均值的程度，使用每个数据与平均值的差值，称为偏差。由于全体数据的偏差的和为0，因此多使用偏差的平方和，称为波动。数据的分散程度越大，波动越大。然而，随着数据量的增加波动也会急剧增加。为了抵消数据量的影响，把波动除以数据总数得到方差。最后，考虑到方差的单位是原始数据单位的平方，使用方差的正平方根，即标准差。这样，标准差与原始数据的单位就相同了。

统计学是一门基于方差的思想探索世界的科学。补充说明一下，在方差等于0的时候，数据的差异将消失，统计将变得毫无意义。

[平均值相同分布也可能会不同]

姓名	月薪／万日元
海野海豚	30
森泉	26
原田董	40
河原营	28
山川艇	26
平均值	30

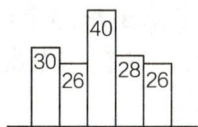

姓名	月薪／万日元
星野光	35
海边咖喱	20
春野霞	60
秋山红叶	15
冬野雪子	20
平均值	30

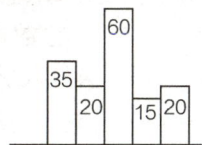

A 公司员工月薪（万日元）

B 公司员工月薪（万日元）

[求平方可以使差异更明显]

小的差异会变得更小，
大的差异会变得更大！

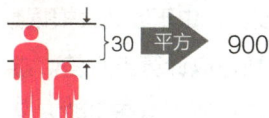

0.1 平方 0.01

30 平方 900

< 方差、标准差的计算公式 >

当有 n 个数据 $\{x_1, x_2, x_3, \cdots, x_n\}$ 时，
根据如下的公式可以计算出方差 σ^2，
其中，$\bar{x}$ 是平均值。

编号	x
1	x_1
2	x_2
3	x_3
⋮	⋮
n	x_n
数据总数	n

$$\text{方差}\,\sigma^2 = \frac{\text{波动}}{\text{数据总数}} = \frac{(x_1-\bar{x})^2 + (x_2-\bar{x})^2 + (x_3-\bar{x})^2 + \cdots + (x_n-\bar{x})^2}{n}$$

$$\text{标准差} = \sqrt{\text{方差}}$$

波动和方差的大小体现了原始数据的固有信息量

波动和方差相对较大的样本中聚集了或大或小的数据，具有丰富多彩的个性。相反，波动和方差较小的样本中，数据都接近平均值，显得平淡无奇。

收集到的数据越有个性，偏差（每个数据与平均值的差值）越大，表征波动的平方和也越大。可以说波动体现了样本数据的信息量。相反，如果样本中的数据趋同，其偏差接近于0，表征波动的平方和也接近0。由于波动会根据数据数量的变化而变化，因此根据波动和数据总数可以计算出方差。方差被广泛用来衡量数据是否具有丰富的个性，是表征数据分散程度的重要指标。如果所有数据都是相同的，在波动或方差为0的时候统计学也就没有用武之地了。统计学是根据波动和方差来阐明数据的特征的一门学科。

[方差的大小]

方差大……信息量大……个性丰富

方差小……信息量小……缺乏个性

[各公司员工工资数据]

A 公司

姓名	月薪 / 万日元
小川光	30
山冈上	34
野原实	32
田园静香	28
秋山红叶	26
平均值	30

B 公司

姓名	月薪 / 万日元
山野山菜	30
海原弘	26
青空澄	40
阴天吹雪	28
雾雨湿	26
平均值	30

C 公司

姓名	月薪 / 万日元
虹野绮丽	35
寒风冷	20
吹雪冽	60
龙卷凄	15
台风怖	20
平均值	30

A 公司

B 公司

C 公司

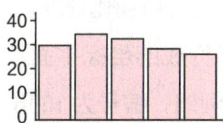

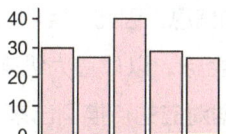

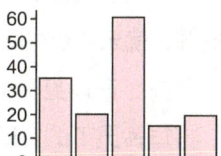

员工月薪（万日元）

波动 = 40
方差 = 8

波动 = 136
方差 = 27.2

波动 = 1350
方差 = 270

C 公司的信息量真的很大。

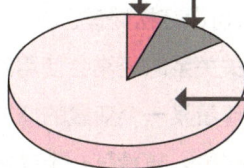

A、B、C 3 个公司员工的月薪的方差对比饼图

相关图使两个变量的关系可视化

用坐标平面上点的分布可以表示像身高、体重这样的两个变量之间的关系（相关性）。这就是"可视化"处理。

　　下一页表格是10名员工的身高和体重数据。如果不对数据进行深入挖掘，就无法获得有用的信息。因此，我们试着进行可视化处理。

　　首先，在以身高为横坐标、以体重为纵坐标构成的坐标平面系内，将每名员工的实际数据对应的点描画出来。例如，编号为1的员工对应横坐标为169cm，纵坐标为65kg的点。同样，将其余的点依次描画到坐标平面里，得到图1。这样的图称为相关图。如果想了解两个变量之间的关系，相关图是一个行之有效的工具。

注1：当数据量很大时，创建相关图会比较麻烦。这时通过Excel等统计分析工具就可以轻松处理。

　　另外，分析相关关系时经常会使用到以下一些词，让我们来熟悉它们的含义。如果随着某一个变量的增加，另一个变量也相应增加，这样的关系称为正相关。随着某一个变量的增加，另外一个变量相应减少，这样的关系称为负相关。当然，存在既不属于正相关也不属于负相关的关系，称为没有相关性（不相关）。

注2：还存在一种看上去似乎相关，但其实没有相关性的假相关，需要仔细辨别。

[绘制相关图]

员工编号	1	2	3	4	5	6	7	8	9	10	平均值
身高 x/cm	169	154	170	173	160	181	157	172	171	163	167
体重 y/kg	65	50	55	79	57	74	48	60	64	63	61.5

可视化

可以看出身高和体重的关系！

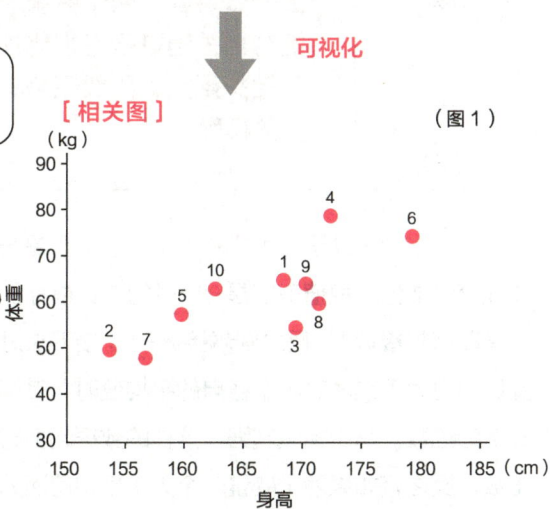

[相关图]
（图 1）

[正相关·负相关]

[正相关]

一个变量增加，
另一个变量也
相应增加。

[不相关]

[负相关]

一个变量增加，
另一个变量减少。

相关系数使两个变量的关系量化

上一节讲到，两个变量之间的关系可以通过绘制相关图进行可视化处理。现在，我们使用相关系数，用数值来具体衡量两个变量的相关程度。

相关系数（准确称为皮尔逊相关系数）是一个表示两个变量的相关程度的数值，取值范围是 -1～1 的统计指标。当正的相关程度越高时其取值越接近 1，反之则越接近 -1。接下来进行具体分析。当两个变量同时大于或同时小于各自的平均值时，其偏差的乘积（下一页①式）为正数。当正相关越强，这样的数据越多时，偏差乘积之和就是正数。反之，如果两个变量一个大于平均值而另一个小于平均值时，其偏差的乘积为负数。当负相关性越强，这样的数据越多时，偏差乘积之和就是负数。为抵消数据数量的影响，将偏差乘积之和除以数据总数得到协方差（S_{xy}）（②式）。协方差和原始数据的单位不同，因此再将协方差除以两个变量的标准差的乘积（$S_x S_y$），这就是相关系数（r）（③式）。

相关系数（r）的取值有以下的规律。

$r \leqslant -0.6$ 时	很强的负相关
$-0.6 \leqslant r \leqslant -0.2$ 时	普通的负相关
$-0.2 \leqslant r \leqslant 0.2$ 时	不相关
$0.2 \leqslant r \leqslant 0.6$ 时	普通的正相关
$r \geqslant 0.6$ 时	很强的正相关

[关注偏差的乘积]

员工编号	1	2	3	4	5	6	7	8	9	10	平均值	标准差
身高 x/cm	169	154	170	173	160	181	157	172	171	163	167	7.87
体重 y/kg	65	50	55	79	57	74	48	60	64	63	61.5	9.29

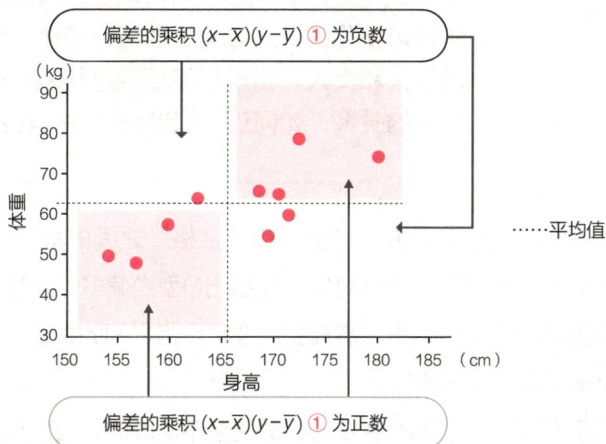

偏差的乘积 $(x-\bar{x})(y-\bar{y})$ ① 为负数

······平均值

偏差的乘积 $(x-\bar{x})(y-\bar{y})$ ① 为正数

[关于协方差]

$$协方差\ S_{xy}= \frac{(169-167)(65-61.5)+(154-167)(50-61.5)+\cdots+(163-167)(63-61.5)}{10}$$

$$=58 \ ②$$

[关于相关系数]

$$相关系数\ r = \frac{协方差}{标准差的乘积} = \frac{S_{xy}}{S_x S_y} = \frac{58}{7.87 \times 9.29} = 0.79 \ ③$$

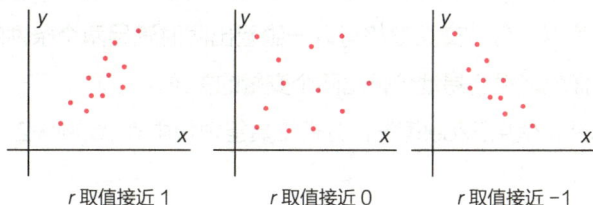

r 取值接近 1　　　　r 取值接近 0　　　　r 取值接近 -1

交叉表格使两个定性变量的关系可视化

数据应用的基础知识

两个定量变量之间的关系可以通过绘制相关图进行可视化并通过相关系数进行量化。但是，像男人和女人、喜欢和不喜欢这样的定性变量之间的关系，如何对它们进行可视化呢？

　　下一页表1是为了研究"血型"和"性格"之间的关系，对20人进行问卷调查的结果。虽然可以明显看出O型血偏多，α型性格偏多，但这并不意味着我们真正掌握了血型和性格之间的关系。因为只看数据列表完全不会有头绪。

　　前面我们讲过，当两个变量的相关关系不明晰时，绘制相关图可以使关系变得显而易见。体重和身高可以量化，因此我们能轻易地在坐标平面上绘制出它们的相关图。

　　但是现在我们要处理的两个变量分别是血型（A型，B型，AB型，O型）和性格（α，β，γ），它们不能量化。

　　因此我们采取的方法是，在表格的水平方向列出其中一个变量的取值，并在同表的垂直方向列出另外一个变量的取值。在表格里填入能同时满足这两个变量的取值要求的个体数量（表2）。这样的表称为交叉表格。通过交叉表格可以一眼看出同时满足两个条件的个体数量，这样就能很容易地分析出两个变量的关系。

　　此外，使用Excel等统计分析工具能很快由表1绘制表2。

[交叉表格]

表只是罗列了数据，看得我眼花缭乱，
完全没有头绪！

No.	血型	性格
1	B	β
2	A	α
3	O	α
4	O	α
5	AB	β
6	B	α
7	O	γ
8	B	γ
9	AB	α
10	A	γ

No.	血型	性格
11	A	β
12	O	α
13	B	α
14	O	α
15	O	γ
16	O	γ
17	O	α
18	A	α
19	B	α
20	B	α

（表 1）

Excel 等统计分析工具

		性格		
		α	β	γ
血型	A	2	1	1
	AB	1	1	0
	B	4	1	1
	O	5	0	3

4×3 交叉表格
（又称为列联表）

（表 2）

原来如此。
O 型血的人 α 和 γ 性格的偏多，
B 型血的人 α 性格的居多。

专栏2

多元分析

健康调查的样本数据中存在各种变量（项目），例如"身高""体重""血压"。此外，经济学的调查数据也涉及各种各样的变量。这样的情况可以使用多元分析来处理含有多个变量的样本数据。

左下表是员工的工作业绩的汇总。表中变量只有工作业绩 z。根据此表可以明显看出每个员工的工作业绩的好坏，但别的信息就无从知晓了。右下表汇总了员工身高 x、体重 y 和工作业绩 z 这三个变量。通过此表不仅能够看到每个人工作业绩的好坏，还可用来分析身高、体重和工作业绩之间的关系。这就是多元分析技术。

员工编号	工作业绩（z）
1	80
2	65
3	70
4	58
5	65
6	68
7	75
8	69
9	55
10	65

员工编号	身高（x）/cm	体重（y）/kg	工作业绩（z）
1	170.5	68.0	80
2	160.1	72.5	65
3	180.5	55.9	70
4	178.3	80.3	58
5	169.4	45.5	65
6	172.3	58.7	68
7	174.5	72.5	75
8	158.3	60.3	69
9	190.1	85.9	55
10	178.6	75.9	65

多元分析主要包括回归分析、主成分分析、判别分析、因子分析、聚类分析、量化理论等多种具体的分析方法。

2

【基础篇】

概率/总体/样本

（统计学的基础）

概率，即用0~1之间的数字来表示事件发生的可能性

根据现有数据预测未来的变化趋势，根据部分推测整体是统计学的重要工作。这时"也许是这样……"是非常不负责任的说法，正确的做法是通过概率直观地展示结果。

在描述统计学中，只涉及过去或现在的情况，例如收集大量样本数据，计算平均值、方差和频率分布，概率论并不是必需的。然而，推断统计学需要根据过去和现在的数据预测未来，根据部分推测整体，因此概率的思想是不可或缺的。

虽然大家都喜欢概率论，但是只需要很简单的概率论知识就能理解本书所介绍的内容。能读懂以下的内容就不会有任何理解上的障碍。

投掷一枚硬币，出现正面的概率是多少？正确答案是，出现正面和出现反面的概率相同，均为1/2。按照这个思想，我们可以推导出概率的一般定义。

在试验中所有可能出现的结果的总数目为n，并且试验的每个结果出现的可能性是一样的。其中A事件发生r次，r/n就是A事件发生的概率。

这时r/n的取值范围为0~1，其值越接近1，A事件就越容易发生，越接近0，就越不容易发生。结果的集合称为样本空间，投掷硬币的动作称为试验。

[硬币出现正面的概率]

投掷硬币只能出现"正面"和"反面"这两种结果，并且它们出现的可能性相同。因此，出现正面的概率为 $\frac{1}{2}$。

[投掷骰子出现小于等于 2 的数字的概率]

投掷骰子一共有 6 种可能的结果，它们出现的可能性相同。其中小于等于 2 的数字一共有两个。因此，出现小于等于 2 的数字的概率为 $\frac{2}{6} = \frac{1}{3}$。

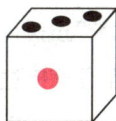

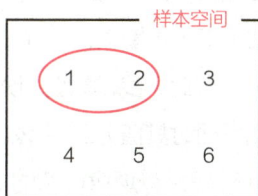

样本空间

1	2	3
4	5	6

[概率的定义]

A 事件发生的概率 $\frac{r}{n}$。

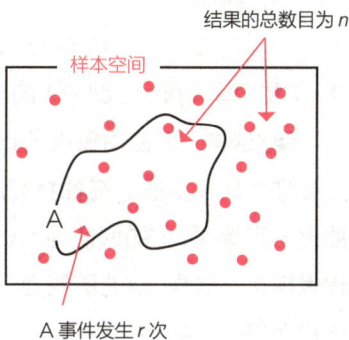

结果的总数目为 n

样本空间

A

A 事件发生 r 次

随机变量，只有通过试验才能确认其数值

变量可以取多个值。因此在统计学中，经常会用到具有概率分布特性的变量，这就是随机变量。

当计算投掷硬币出现正面或者从扑克牌中抽出红心等事件的概率时，只用语言描述是非常不严谨的。例如，当用图表显示事件发生的难易程度时，难以将正面、反面或是红心、黑桃等内容对应到坐标轴上（下一页图）。

因此，我们需要引入变量X，当投掷硬币出现正面时其值为1，出现反面时其值为2。那么这个变量不仅仅是一个变化的量。X的取值是1还是2是有规律可循的。也就是说，由于X=1表示出现正面，其概率为1/2；X=2表示出现反面，它的概率也是1/2。这样的规律用概率P（）可以概括为：

$$P(X=1)=1/2, P(X=2)=1/2$$

注：P是概率（probability）的首字母。

像X这样，取值由每次试验的结果决定，且取值概率是有规律的变量称为随机变量。在抽扑克牌的试验中（下一页图），当随机地抽出一张牌时，X的取值为1代表红心，2代表方块，3代表黑桃，4代表梅花。这样，X的取值是1、2、3、4的概率均为1/4。因此，X被称为随机变量。

[随机变量的案例]

从一副去掉了大小鬼总共 52 张的扑克牌中抽牌时，随机变量代表抽牌结果

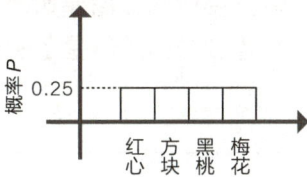

随机变量代表硬币的正面或反面

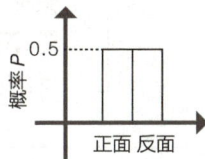

出现红心　$X = 1$
出现方块　$X = 2$
出现黑桃　$X = 3$
出现梅花　$X = 4$

（ X 为随机变量，取值由每次试验的结果决定 ）

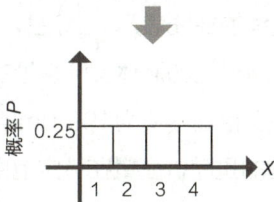

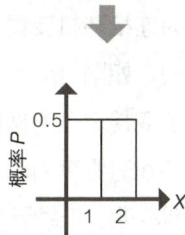

出现正面　$X = 1$
出现反面　$X = 2$

（ X 为随机变量，取值由每次试验的结果决定 ）

X 取 1、2、3、4 时，概率
$P(X = 1) = 13 / 52 = 0.25$
$P(X = 2) = 13 / 52 = 0.25$
$P(X = 3) = 13 / 52 = 0.25$
$P(X = 4) = 13 / 52 = 0.25$

X 取 1、2 时，概率
$P(X = 1) = 1 / 2$
$P(X = 2) = 1 / 2$

随机变量的概率分布是统计学重点

概率分布体现了随机变量的取值是如何依据概率而分布的。统计学的目的就是了解这种概率分布。

假设当投掷两个硬币时出现正面的硬币枚数为X。X是一个随机变量，其取值为2、1、0这样不连续的数值。这类型随机变量称为离散随机变量。下一页图1是概率分布图表，显示了总量为1的概率是如何分配给随机变量的各个可能取值的。再举一个例子，如果随机变量X表示填充在200ml塑料瓶中的液体的实际含量，此时X的取值是连续的，称为连续随机变量。在这种情况下，准确地表达X概率分布是较为困难的。如图2所示，概率分布由连续的曲线表示。请注意，连续随机变量取特定值的概率为0。比如，塑料瓶的液体实际含量的取值为199.0ml的概率为0，这是因为几乎不存在容量为199.0ml且丝毫不差的塑料瓶。连续随机变量的概率指的是随机变量在特定范围（区间）内取值的概率，而不是取特定值的概率。此时，概率可以由概率分布图的面积表示（图2）。概率分布图中的函数称为概率密度函数，其与横坐标轴围成的面积为1。

[离散随机变量的概率分布]

X 的取值 x	0	1	2	合计
概率 $P(X=x)$	$\dfrac{1}{4}$	$\dfrac{2}{4}$	$\dfrac{1}{4}$	1

（概率分布表）

总量为 1 的概率

[概率分布图]　　（图 1）

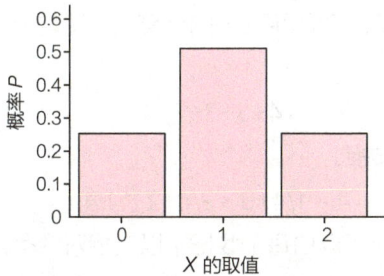

[连续随机变量的概率分布]

无法绘制连续随机变量的概率表！

[概率分布图]　　（图 2）

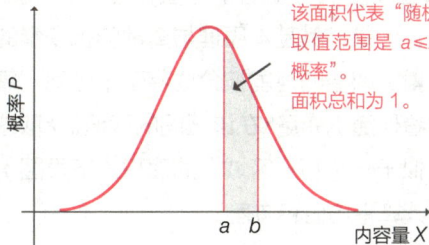

该面积代表"随机变量 X 取值范围是 $a \leqslant X \leqslant b$ 的概率"。
面积总和为 1。

随机变量的平均值和方差的计算式

随机变量是"变量"，因此它的取值是多种多样的。我们需要掌握其平均值和表示分散程度的方差的计算方法。

求一组数据{4,3,3,2}的平均值的计算式：平均值=数据总和/数据数量。

$$(4+3+3+2)/4$$

可以进行如下转换。

$$4 \times 1/4 + 3 \times 2/4 + 2 \times 1/4$$

因此，平均值还可以由每个数据乘以其相对频率计算得出。由于相对频率和概率的概念是相关联的，因此可以由以下计算式计算出离散随机变量X的平均值。

平均值=（随机变量X的值×概率）之和

同样，离散随机变量的方差也可以由以下计算式计算得出。

方差={（随机变量值−平均值）^{2}×概率}之和

要计算连续随机变量的平均值和方差，需要使用到高等数学中积分的知识。但是，其基本原理与离散随机变量的计算相同。也就是说，随机变量的取值的范围被分成若干个区间，每个区间中的某个合适的数值被看作随机变量X在该区间的取值。X取这个数值的概率就是该区间（近似于一个矩形区域）的面积（下页图）。最后，采取离散的计算方法计算平均值和方差。

注1：事实上，区间会被无限分割。

注2：对于一些典型的离散型和连续型的概率分布问题，其平均值和方差的计算已经有现成的解答了。

[离散随机变量的平均值和方差的公式]

离散随机变量 X 的取值和其概率 p 如右表所示，随机变量 X 的平均值 $E(X)$，方差 $V(X)$ 的计算方法如下。

X	概率
X_1	p_1
X_2	p_2
X_3	p_3
$\vdots$	$\vdots$
X_i	p_i
$\vdots$	$\vdots$
X_n	p_n
合计	1

平均值 $= E(X) = X_1 p_1 + X_2 p_2 + X_3 p_3 + \cdots + X_i p_i + \cdots + X_n p_n$

方差 $= V(X) = (X_1-m)^2 p_1 + (X_2-m)^2 p_2 + (X_3-m)^2 p_3 + \cdots + (X_i-m)^2 p_i + \cdots + (X_n-m)^2 p_n$

其中，$m = E(X)$

[连续随机变量的概率分布]

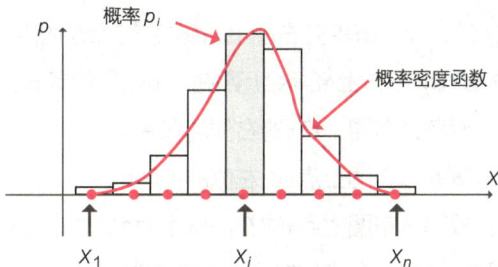

概率 p_i

概率密度函数

X_1　　　X_i　　　X_n

区间无限分割时：

$X_1 p_1 + X_2 p_2 + X_3 p_3 \cdots + X_i p_i + \cdots + X_n p_n$

这样计算出的值就是连续随机变量的平均值！方差也可通过这样的方法计算得出。

概率分布的百分点和 *p* 值

学习统计学的概率分布相关内容时，经常用到百分点和 *p* 值等词来表示的概率，先来了解它们的含义。

首先介绍"百分点"的概念。概率 *p* 是一个小数，乘以100就变成了百分数。因此，概率 *p* 又可以写成 $100p\%$，百分点有如下三种类型。

上侧 $100p$ 百分点：概率分布图上右侧概率为 *p* 的点 *x*。

下侧 $100p$ 百分点：概率分布图上左侧概率为 *p* 的点 *x*。

两侧 $100p$ 百分点：概率分布图上右侧概率为 $p/2$ 的点 *x*。

接下来介绍概率分布上经常会用到的"*p* 值"的概念。

上侧 *p* 值：概率分布图上点 *x* 的右侧的概率 *p*。

下侧 *p* 值：概率分布图上点 *x* 的左侧的概率 *p*。

两侧 *p* 值：概率分布图上点 *x* 的右侧概率为 $p/2$ 时的 *p* 值。

下一页图中 *p* 值和百分点的概念，不要混淆。

使用Excel等统计分析工具，我们可以轻松计算出百分点和 *p* 值。关于Excel的使用方法参见附录A。

注：一般来说，两侧百分点和两侧 *p* 值多用于左右对称的概率分布图。

[百分点]

概率 p 对应的 x 的值。

上侧 $100p$ 百分点 x

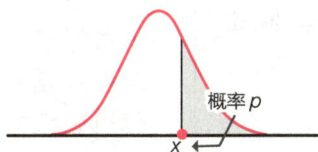

概率 p

x

下侧 $100p$ 百分点 x

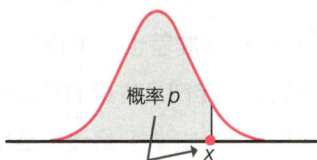

概率 p

x

两侧 $100p$ 百分点 x

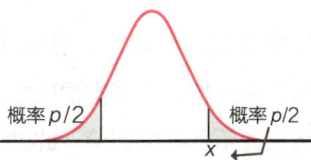

概率 $p/2$

概率 $p/2$

x

[p 值]

x 对应的概率 p 值。

x 的上侧 p 值

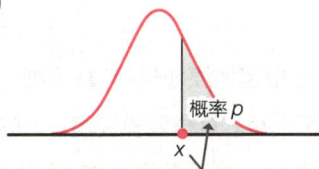

概率 p

x

x 的下侧 p 值

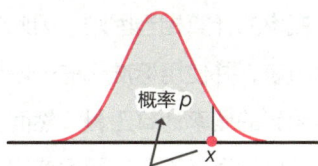

概率 p

x

x 的两侧 p 值

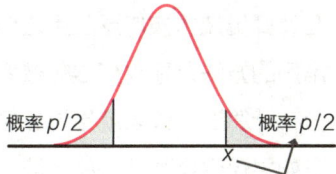

概率 $p/2$

概率 $p/2$

x

用于应对各种规范的标准化转换

将考试的分数标准化后平均值都是50，标准差都是10，这样更方便做横向比较。在随机变量中，有很多与上述逻辑相同的标准化转换。

随机变量多种多样，它们的平均值和标准差也各不相同。因此与求偏差值一样，为了方便比较，需要将给定随机变量的平均值和标准差转换为所需的特定值，此过程称为标准化。一般经过标准化转换后，平均值等于0，标准差等于1。

我们如何将平均值为m、标准差为σ的随机变量x转换为平均值为0且标准差为1的随机变量z？

使用如下的计算式就可以。

$$z=(x-m)/\sigma$$

这是因为原随机变量x（图1）减去其平均值m，可以把原分布的中心移动m。这样随机变量$x-m$的平均值变为0（图2）。

接着，将原随机变量x除以表示分散程度的标准差σ，并将标准差σ调整为1（图3）。

注：在计算机技术被广泛应用之前，概率的计算相当困难。因此过去常用的方法是建立标准化概率分布表，并使用标准化的一般概率分布计算法。该表就是过去经常用到的概率计算工具。然而，现在如果仅仅是为了方便计算，标准化的意义不大。因为使用计算机可以在瞬间完成任何概率分布的概率计算。

[标准化]

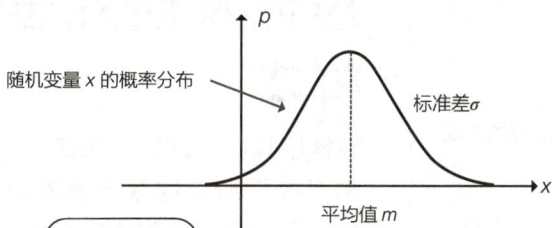

随机变量 x 的概率分布

标准差 σ

平均值 m

（图 1）

平行地移动 m！

$$y = x - m$$

随机变量 $y = x - m$ 的概率分布

标准差 σ

平均值 0

（图 2）

除以 σ 可以调节分布的分散程度！

$$z = \frac{y}{\sigma} = \frac{x - m}{\sigma}$$

随机变量 $z = \dfrac{x - m}{\sigma}$ 的概率分布

标准差 σ

标准差 1

平均值 0

（图 3）

总体及研究总体用的样本

根据已知的数据探索未知的世界是统计学最重要的作用。这就是推断统计学。这一节中，我们将会用到它并更进一步探索总体和样本之间关系。

在统计学中，与调查对象相关的所有信息称为总体（population）。与之相对应的，总体的一部分称为样本（sample）。此外，总体的数据数量称为总体容量，样本的数据数量称为样本容量。

推断统计学是指在统计中研究如何提取样本，并根据样本数据去推断总体特征的方法。值得注意的是，从总体中取样时必须要尽力排除人为的干扰并保证过程完全随机。这样的取样方法称为随机抽样，由此获得的样本被称为随机样本。

通常所说的样本就是随机样本。需要关注的是，随机抽样意味着按照随机原则进行取样，这样总体和样本通过概率产生关联，这就是统计学中概率的概念。随机抽样有两种方法。在前例的身高调查中，一种取样方法是同时抽取100人作为样本；另一种是抽取1人记录后返回，再抽取再返回，直到抽满100人，前者称为不放回抽样，后者称为有放回抽样。理论上统计学使用的都是有放回抽样法，但随着总体容量增加，两种取样方法并无实际差异。

[随机抽样]

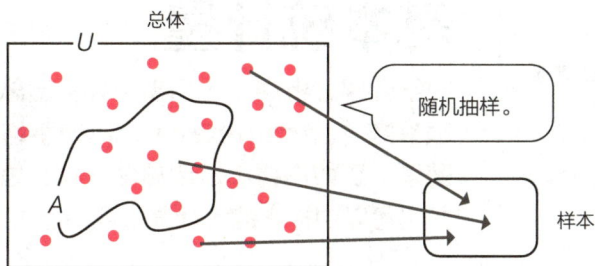

这意味着每个数据被抽中的概率相等！如果不能随机抽取的话，统计学就没意思了。

[有放回抽样]

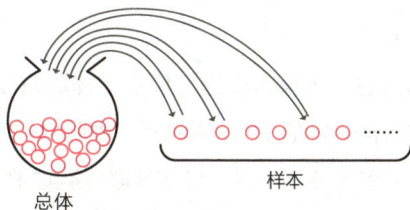

[不放回抽样]

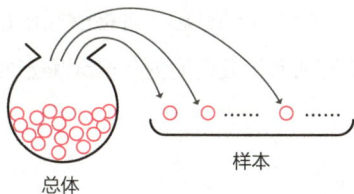

统计学中经常使用的基本统计量

统计学的基础

在统计学分析中，我们需要计算出总体的各项参数（parameter），比如平均值和方差等。正如由样本推测总体一样，总体的参数也可以由样本的统计量推测得出。

从总体中抽取出n个要素$X_1, X_2, \cdots, X_n$，形成的集合为$\{X_1, X_2, \cdots, X_n\}$，该集合称为样本容量为$n$的样本。统计量就是由样本计算出的量。统计量种类繁多，在这里我们先介绍两种基本的统计量。

（1）样本均值$\overline{X}$=样本全体数据求和再除以样本容量n。

（2）无偏方差S^2=样本的各个数据与样本均值$\overline{X}$的差值的平方再除以（$n-1$）。也就是偏差的平方和（又称为波动）除以（$n-1$）得到的数值。

请注意，无偏方差里也包含了样本方差。样本方差S^2=样本的各个数据与样本均值$\overline{X}$的差值的平方再除以样本容量n。也就是偏差的平方和（又称为波动）除以样本容量n得到的数值。

统计学的基本思想是，运用从样本中计算出的统计量及其概率分布（又称样本分布）估计总体并检验假设是否成立。

注：接下来的两节将会说明为什么无偏方差的分母为$n-1$。

[统计量是统计学的关键]

总体

总体均值?

总体方差?

调查总体不同，使用的统计量也不同。

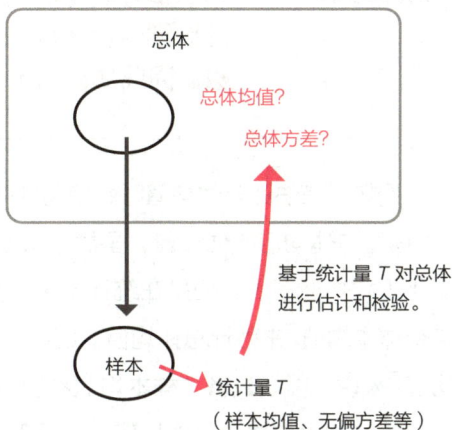

基于统计量 T 对总体进行估计和检验。

样本

统计量 T

（样本均值、无偏方差等）

〈经常会用到的统计量〉

样本均值　$\overline{X} = \dfrac{X_1 + X_2 + \cdots + X_n}{n}$

无偏方差　$s^2 = \dfrac{(X_1 - \overline{X})^2 + (X_2 - \overline{X})^2 + \cdots + (X_n - \overline{X})^2}{n-1}$

总体　　　　　样本

$\{X_1, X_2, \cdots, X_n\}$

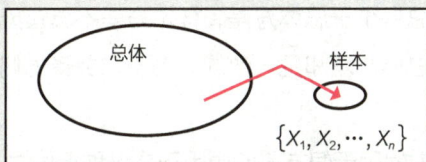

注：样本方差 $S^2 = \dfrac{(X_1 - \overline{X})^2 + (X_2 - \overline{X})^2 + \cdots + (X_n - \overline{X})^2}{n}$

满足无偏估计量的条件

用于估计总体的统计量称为估计量。在推断统计学中，估计量被用来推测总体的各项参数。因此估计量需要满足一系列条件。

例如，在估计总体均值时会使用到样本均值$\bar{X}$（下一页①式），$\bar{X}$则称为总体均值的估计量。虽然每次取样时，样本均值$\bar{X}$都会发生变化（样本波动）。但是在统计学中，我们只能根据偶然选择到的某个样本均值$\bar{X}$来估计总体均值。因此，对于处于不断波动中的样本均值$\bar{X}$来说，需要具备"样本均值$\bar{X}$的平均值应该等于总体均值"这个属性。如果在估计总体均值时，得到的估计量与其完全不同，则会得出错误的结论。因此，通常当某个估计量被用来估计总体参数时，必须要具备"估计量的平均值与总体参数一致"这个属性。估计量的这个属性称为无偏性。如下一页图所示，这个样本均值$\bar{X}$就是具备无偏性的。

上一节介绍到的无偏方差也与无偏性有关。样本方差（②式）也好，无偏方差（③式）也好，在每次取样得到的值都不尽相同，但样本方差的平均值总是小于总体方差，样本方差不具备无偏性。而无偏方差的平均值与总体方差却是一致的。由于它具备无偏性，因此被称为无偏方差。

注：统计学上经常使用无偏方差的原因正是这种无偏性。

[样本均值的无偏性]

$$\frac{\text{样本均值 } 1 + \text{样本均值 } 2 + \cdots + \text{样本均值 } m}{m} = \text{总体均值 } \mu$$

这里假设理论上可以抽出的样本的数量为 m 个。

< 各种各样的统计量及其无偏性 >

（1）样本均值 $\overline{X}$ ... 有无偏性

$$\overline{X} = \frac{X_1 + X_2 + ... + X_n}{n}$$ ① 的平均值 = 总体均值 μ

（2）样本方差 S^2 ... 没有无偏性

$$S^2 = \frac{(X_1 - \overline{X})^2 + (X_2 - \overline{X})^2 + \cdots + (X_n - \overline{X})^2}{n}$$ ② 的平均值 $\neq$ 总体方差 σ^2

（3）无偏方差 S^2 ... 有无偏性

$$S^2 = \frac{(X_1 - \overline{X})^2 + (X_2 - \overline{X})^2 + \cdots + (X_n - \overline{X})^2}{n-1}$$ ③ 的平均值 = 总体方差 σ^2

自由度取值不受限的变量个数

统计学上经常使用"自由度"这个词。它意味着"取值不受限制的变量个数"。上一节中介绍过的无偏方差也与它有关。

假设有三个变量X_1，X_2，X_3。如果它们之间没有相互制约关系，那么这三个变量可以取任意值。因此，三个变量的自由度为3。假如增加一个附加条件"三个变量X_1，X_2，X_3的平均值是5"，三个变量X_1，X_2，X_3的自由度会如何变化呢？由于$(X_1+X_2+X_3)/3=5$，只要X_1，X_2，X_3中任意两个变量的取值确定了，第三个变量的取值也就随之确定了。因此在这种情况下，三个变量X_1，X_2，X_3的自由度就是2而不是3。因此，自由度就是"取值不受限制的变量个数"。

让我们来研究一下无偏方差的自由度。无偏方差分子是n个变量$X_1,X_2,\cdots,X_n$分别减去样本均值得到的偏差的平方和。即

$$(X_1-\overline{X})^2+(X_2-\overline{X})^2+\cdots+(X_n-\overline{X})^2$$

但是n个变量和$\overline{X}$还必须满足以下关系。

$$(X_1-\overline{X})+(X_2-\overline{X})+\cdots+(X_n-\overline{X})=0$$

由于有制约条件，分子的n个变量的自由度为$n-1$。如果分母为n得到的方差就会小于原始值。因此，自由度由n调整为$n-1$，从而保持无偏性。

[变量 X_1, X_2, $\cdots$, X_n 的自由度]

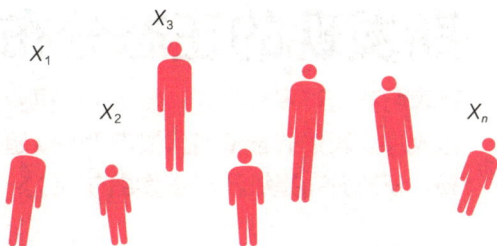

我们都能自由移动！（自由度 n）

[变量 $X_1-\overline{X}$, $X_2-\overline{X}$, $\cdots$, $X_n-\overline{X}$ 的自由度]

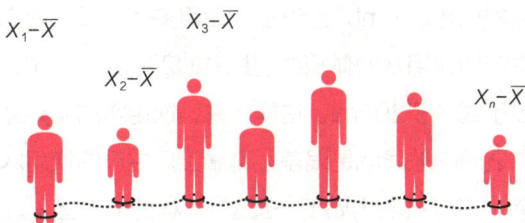

我们不能自由移动！（自由度 $n-1$）

$$\overline{X}=\frac{X_1+X_2+\cdots+X_n}{n}，由此可得：$$

$$(X_1-\overline{X})+(X_2-\overline{X})+(X_3-\overline{X})+\cdots+(X_n-\overline{X})=0$$

也就是说，对 n 个变量：

$$(X_1-\overline{X}),(X_2-\overline{X}),(X_3-\overline{X}),\cdots,(X_n-\overline{X})$$

这就是一个限制其变化的附加条件。

概率分布的基础是高斯发现的正态分布

概率分布有许多种类型，显示了随机变量的取值规律。其中，最著名且最常用的就是正态分布。正态分布是统计学最重要的部分。

正态分布是由德国数学家高斯（1777～1855年）研究误差时偶然发现的。因此，正态分布又被称为高斯分布或误差分布。

误差即"测量值减去真实值"。假如在某个生产瓶装饮用水的工厂里，塑料瓶的规格是200ml。无论工厂使用多么高级的填充装置，都很难使实际生产的饮用水的体积达到标准的200ml。事实上，饮用水的体积总是多于或少于200ml。这样一来，饮用水的实际体积与规格要求的200ml之间的差异就是误差。测量工厂生产的饮用水的实际体积并求其误差，可以绘制出如下一页图1一样的分布图。这就是正态分布（Normal distribution）。

正态分布被广泛地用于解释自然和社会的概率现象。表示该分布的等式，即概率密度函数是极其复杂的。但是还好我们不必太费心去记，只需要掌握以下几个要点即可。

正态分布曲线是左右对称的山型。山顶所对应的x就是正态分布的平均值μ，山腰部分所对应的x与平均值μ的差值就是标准差σ（图2）。

注：平均值为0，方差为1的正态分布称为标准正态分布。

[误差呈现正态分布]

误差为 0.12　　误差为 0.1

标准规格

误差为 -0.2　　误差为 -0.05　　误差为 0.15

误差为饮用水实际体积和规格要求体积的差值。

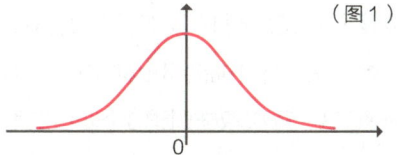

（图 1）

0

[正态分布的特征]

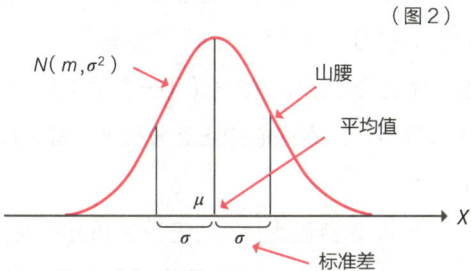

（图 2）

$N(m, \sigma^2)$

山腰

平均值

μ

σ　σ

X

标准差

该图显示的就是平均值为 μ 且方差为 σ^2 的正态分布 $N(\mu, \sigma^2)$。

集世界之美的中心极限定律

由样本计算出的统计量（比如样本均值和无偏方差），其分布是多种多样的。这一节将介绍样本均值的分布，让我们一起来揭开它神秘的面纱。

　　假设我们有某公司1000名员工的身高数据，这个数据集合就是研究的总体。从总体中抽取3个样本$\{X_1，X_2，X_3\}$，并求出样本均值$\overline{X}$=$(X_1+X_2+X_3)/3$。每次取样时这3个变量的取值都会发生变化（样本波动）。由于我们使用的是有放回抽样法，从1000人中抽取3人计算样本均值时理论上可以获得1000^3=10^9=10亿组数据。但是令人惊讶的是，无论总体是什么类型的分布，这10亿个样本均值的分布都近似正态分布。并且该正态分布的平均值等于总体均值，方差等于总体方差除以样本容量3所得出的值（下一页图1）。对于身高数据，无论总体是什么分布，样本均值的正态分布特性都是成立的。由此可以推导出以下结论。

　　"若样本容量为n，则无论总体是什么类型的分布，样本均值=$(X_1+X_2+...+X_n)/n$的分布都近似正态分布（图2）：样本均值为总体均值，样本方差为总体方差除以n。并且若n越大样本均值的分布就越接近于正态分布"。样本均值具有的此特性称为中心极限定理，是统计学的重要组成部分。

注：如果总体所包含的数据没有差异，则中心极限定理是没有意义的。

[样本容量为 3 的样本的样本均值的分布]

（图 1）

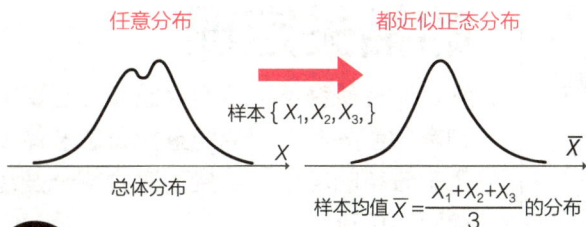

任意分布

都近似正态分布

样本 $\{ X_1, X_2, X_3 \}$

总体分布

X

$\overline{X}$

样本均值 $\overline{X} = \dfrac{X_1+X_2+X_3}{3}$ 的分布

样本容量 n 越大，则样本均值 $\overline{X}$ 的方差越小，因此 $\overline{X}$ 的取值将越接近总体均值！

＜中心极限定理（central limit theorem）＞

从平均值为 μ 且方差为 σ^2 的总体中抽取样本容量为 n 的样本，

设样本均值为 $\overline{X}$，

（1）$\overline{X}$ 的平均值为 μ，方差为 $\dfrac{\sigma^2}{n}$，标准差为 $\dfrac{\sigma}{\sqrt{n}}$；

（2）若 n 的取值足够大，则无论总体是什么类型的分布，

$\overline{X}$ 的分布都近似正态分布。

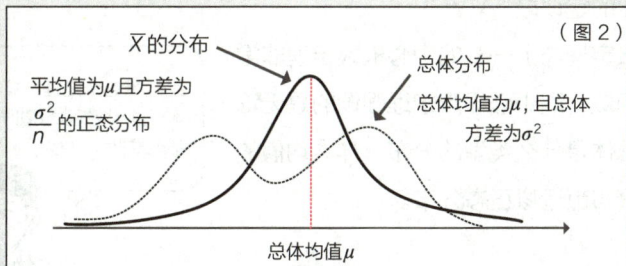

（图 2）

$\overline{X}$ 的分布

平均值为 μ 且方差为 $\dfrac{\sigma^2}{n}$ 的正态分布

总体分布

总体均值为 μ，且总体方差为 σ^2

总体均值 μ

正态总体的样本均值的相关定理

统计学在研究各种自然现象和社会现象时，通常会事先假定研究对象为正态总体（符合正态分布的总体）。接下来介绍一些经常会用到的定理。

假设我们有某公司1000名员工的身高数据，这个数据集合就是研究的总体。从总体中抽取3个样本$\{X_1, X_2, X_3\}$，并求出样本均值$\overline{X}$ $=(X_1+X_2+X_3)/3$。于是，当总体符合正态分布时，样本均值$\overline{X}$的分布一定也符合正态分布。并且该正态分布的平均值等于总体均值，方差等于总体方差除以样本容量3所得出的值（下一页图1）。

此特性可以总结如下。

"从平均值为μ且方差为σ^2的正态总体中抽取样本容量为n的样本，样本均值为$\overline{X}$，则$\overline{X}$的分布符合平均值为μ且方差为σ^2/n的正态分布"（图2）。该特性称为"正态总体的样本均值定理"，是统计学上重要的定理之一。

注：该定理与上一节的中心极限定理非常相似。而中心极限定理强调的是无论总体是什么类型的分布，样本均值的分布都近似正态分布。

> 我希望这个定理在样本容量n取任意数值时都能成立。

[样本容量为 3 的样本的样本均值的分布]

（图 1）

正态分布

平均值 μ

方差 $\dfrac{\sigma^2}{3}$

正态分布

总体均值 μ

总体方差 σ^2

x

$\overline{X}$

总体分布

样本均值 $\overline{X} = \dfrac{X_1 + X_2 + X_3}{3}$ 的分布

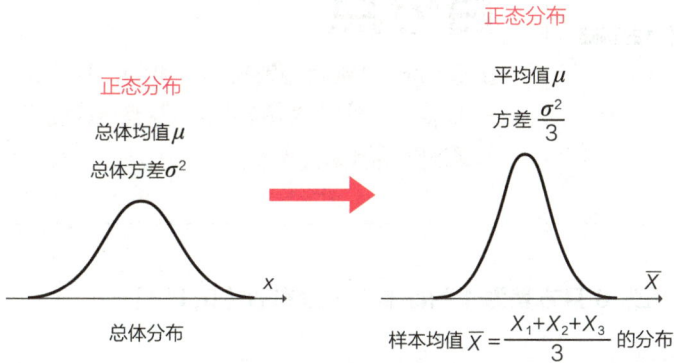

〈正态总体的样本均值的相关定理〉

从平均值为 μ 且方差为 σ^2 的正态总体中抽取样本容量为 n 的样本，设样本均值为 $\overline{X}$，则 $\overline{X}$ 的分布符合平均值 μ，方差 $\dfrac{\sigma^2}{n}$ 的正态分布。

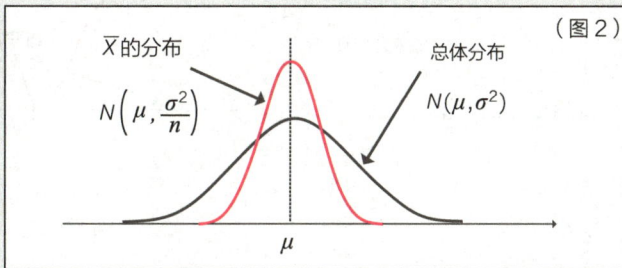

（图 2）

$\overline{X}$ 的分布

$N\left(\mu, \dfrac{\sigma^2}{n}\right)$

总体分布

$N(\mu, \sigma^2)$

μ

正态分布经常用到的百分点

正态分布是统计学中最常用的重要分布。这一节将介绍此分布的上侧5%点和1%点，以及两侧5%点和1%点。

[平均值为 0 且方差为 1 的标准正态分布 N（0,1²）]

上侧 5%点

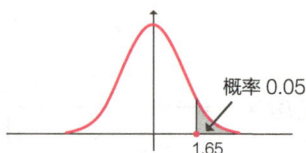

概率 0.05

1.65

注：下侧 5%点为 -1.65

上侧 1%点

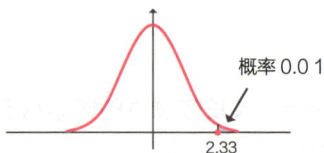

概率 0.01

2.33

注：下侧 1%点为 -2.33

两侧 5%点

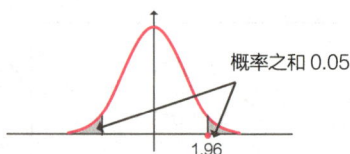

概率之和 0.05

1.96

两侧 1%点

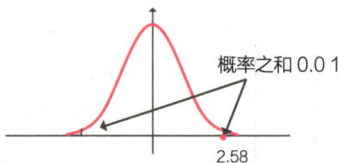

概率之和 0.01

2.58

[平均值为 μ 且方差为 σ^2 的正态分布 $N(\mu, \sigma^2)$]

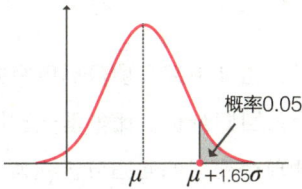

上侧5%点

概率0.05

μ $\mu + 1.65\sigma$

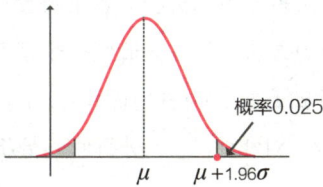

两侧5%点

概率0.025

μ $\mu + 1.96\sigma$

$$z = \frac{X - \mu}{\sigma}$$

（标准化）

$$X = \sigma z + \mu$$

（标准化式的逆变换）

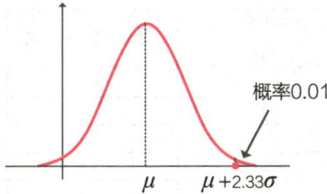

上侧1%点

概率0.01

μ $\mu + 2.33\sigma$

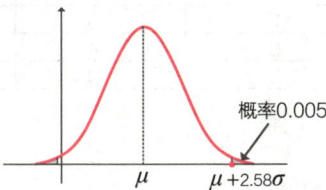

两侧1%点

概率0.005

μ $\mu + 2.58\sigma$

专栏3

.

回归分析

当样本由多项数据构成时，由其中某几项数据解释并预测某一项数据的分析方法称为回归分析。比如基于宣传费预测销售额这样的由单个变量预测单个变量的回归分析称为一元回归分析。而基于广告费和员工数量预测销售额这样的由多个变量预测单个变量的回归分析称为多元回归分析。本书将会在接下来的章节中详细介绍回归分析的方法。现在先介绍一个案例。下面是根据表格中的10组房屋租赁数据，由占地面积（x），到车站的时间（u）和建筑年限（v）对租金（y）进行回归分析和预测的过程。

租赁房屋	占地面积（x） /m²	到车站的时间（u） /min	建筑年限（v）/年	租金（y） /千日元
A	56.2	5	11	117
B	48.0	9	5	111
C	81.8	7	3	148
D	77.6	2	11	145
E	65.5	13	7	103
F	68.4	8	14	101
G	49.4	17	6	91
H	35.3	12	10	42
I	72.0	6	4	123
J	70.7	3	3	159

⬇ **回归分析**

$y = 85.40 + 1.19x - 3.00u - 2.84v$

3

【基础篇】

估计/检验的基本思想

（估计/检验的基础）

从样本推测总体的统计学估计

基于样本探索总体的平均值和方差等参数时，经常会用到的方法有点估计和区间估计。

我们先来看一个例子。假设有三个日本上班族，他们每个月的零用钱分别是3万日元、4万日元和5万日元。我们如何根据此信息估计日本所有上班族的零用钱的平均值呢？通常的做法是，先把这三个人的零用钱加起来求平均值：(3+4+5)/3=4万日元。再据此估计出日本所有上班族的零用钱的平均值（根据经验可知此判断相当可信）。4万日元是一个明确的数值（点），这样的估计方法在统计学中被称为点估计。然而遗憾的是，点估计的正确率无从考证。

相对于点估计，还有一种称为区间估计的估计方法。运用区间估计的方法估计日本上班族的零用钱，得出的结论是："日本上班族每个月的零用钱的平均值在2.87万日元到5.13万日元之间，并且此估计的正确率为0.95"。非常值得一提的是，此结论附带了正确率。点估计可以直观地用4万日元这样一个数值给出结论，而区间估计只能得出2.87万日元到5.13万日元之间这样一个区间。但是由于区间估计的正确率是已知的，因此比点估计更加可靠。区间估计用到的概率0.95称为置信度，估计得出的区间称为置信区间。

[点估计和区间估计]

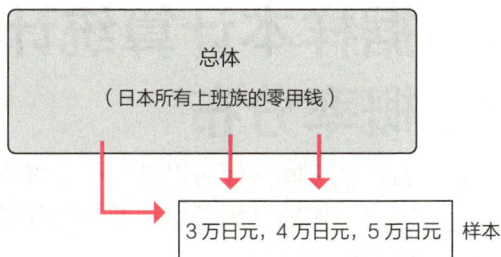

总体

（日本所有上班族的零用钱）

3 万日元，4 万日元，5 万日元 | 样本

点估计

上班族的零用钱的平均值为：

$\frac{3+4+5}{3}=4$，因此是 4 万日元。

4　（万日元）

区间估计

上班族的零用钱的平均值在 2.87 万日元到 5.13 万日元之间，此估计的正确率为 0.95。

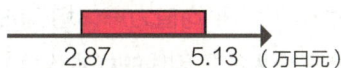

2.87　　5.13　（万日元）

注：我们不能再进一步判断实际值在这个区间的具体哪个位置。

区间估计的原理1.根据样本计算统计量的概率分布

为什么区间估计可以仅凭一个样本，就能判断出总体的平均值和方差的置信区间，并指出其置信度呢？

让我们基于以下例子来研究区间估计的原理。"假设有三个日本上班族，他们每个月的零用钱分别是3万日元、4万日元和5万日元。根据此信息估计日本所有上班族的零用钱的平均值μ。并且我们还假设上班族的零用钱的分布是方差为1的正态分布，单位为万日元"。这里为了简化问题设置了"方差为1的正态分布"这个假设。不过即使没有这样的假设我们也可以估计出总体均值。

按照以下的步骤来估算零用钱的平均值μ。

首先，使用前面介绍的"正态总体的样本均值定理"。该定理指出，从平均值为μ且方差为σ^2的正态总体中抽取样本容量为n的样本，样本均值为$\overline{x}$，则$\overline{x}$的分布符合平均值为μ且方差为σ^2/n的正态分布。再根据此定理，三个人的零用钱$\{X_1, X_2, X_3\}$的样本均值$\overline{X}=(X_1+X_2+X_3)/3$符合方差为$\sigma^2/3$，平均值为总体均值$\mu$的正态分布。最后，由于方差为1，因此三个人的零用钱的样本均值$\overline{X}$符合平均值为总体均值μ，方差为1/3的正态分布（下一页上图）。这是需要注意的第一点。

[三个人的零用钱的样本均值 $\overline{X}=\dfrac{X_1+X_2+X_3}{3}$ 的分布]

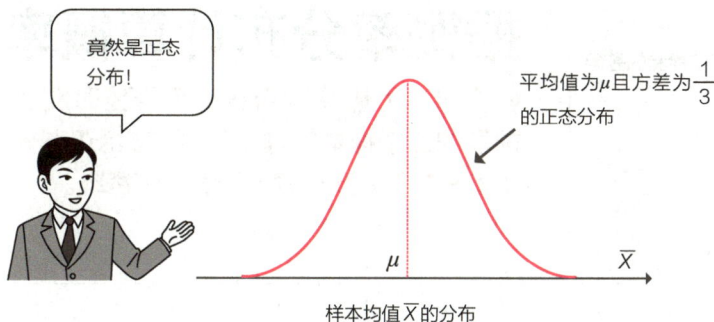

竟然是正态分布！

平均值为 μ 且方差为 $\dfrac{1}{3}$ 的正态分布

样本均值 $\overline{X}$ 的分布

$n=3, \sigma^2=1$

＜正态总体的样本均值的相关定理＞

从平均值为 μ 且方差为 σ 的正态总体中抽取样本容量为 n 的样本，

设样本均值为 $\overline{X}$，则

$\overline{X}$ 的分布为平均值为 μ，方差为 $\dfrac{\sigma^2}{n}$，标准差为 $\dfrac{\sigma}{\sqrt{n}}$ 的正态分布。

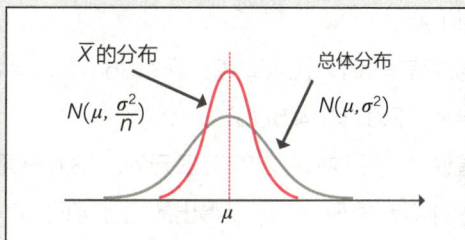

$\overline{X}$ 的分布

$N(\mu, \dfrac{\sigma^2}{n})$

总体分布

$N(\mu, \sigma^2)$

μ

区间估计的原理2.根据概率分布计算概率

调查日本上班族零用钱的平均值时发现，抽取的三个样本的样本均值$\overline{X}$符合正态分布（上一节）。我们试着计算一下概率。

上一节讲到，三个人的零用钱的样本均值$\overline{X}$符合平均值为总体均值μ、方差为1/3的正态分布。根据正态分布的特性，随机变量的取值落在以总体均值μ为中心、左右1.96倍标准差的区间内的概率为0.95（下一页图1）。也就是说，样本均值$\overline{X}$满足①式的概率为0.95（图2）。

$$\mu-1.96/\sqrt{3}\leqslant\overline{X}\leqslant\mu+1.96/\sqrt{3}\quad①$$

则总体均值μ满足：

$$\overline{X}-1.96/\sqrt{3}\leqslant\mu\leqslant\overline{X}+1.96/\sqrt{3}\quad②$$

取样时样本均值$\overline{X}$的取值会发生变化。但无论怎么变化，②式成立的概率都为0.95。

当样本均值等于4时，代入②式：$4-1.96/\sqrt{3}\leqslant\mu\leqslant4+1.96/\sqrt{3}$。

计算结果为：$2.87\leqslant\mu\leqslant5.13$。

这也就是说"总体均值在2.87万日元到5.13万日元之间的概率为0.95"。因为样本容量很小，所以得出的估计区间并不是十分精确。这里只是借此例说明区间估计的原理。

[正态分布的性质]

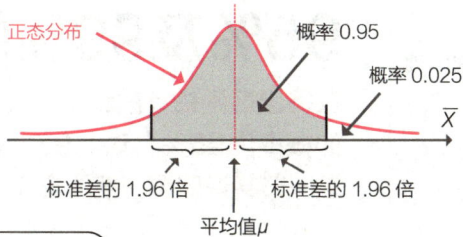

（图 1）

正态分布

概率 0.95

概率 0.025

$\overline{X}$

标准差的 1.96 倍　　标准差的 1.96 倍

平均值 μ

1.96 原来就是两侧 5% 点

由方差为 $\dfrac{1}{3}$ 可以计算出

标准差为 $\dfrac{1}{\sqrt{3}}$

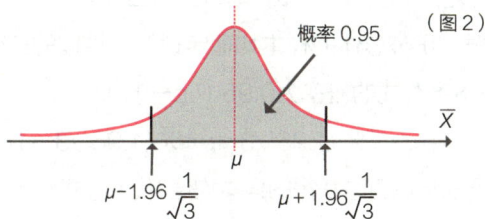

概率 0.95

（图 2）

$\overline{X}$

$\mu - 1.96 \dfrac{1}{\sqrt{3}}$　μ　$\mu + 1.96 \dfrac{1}{\sqrt{3}}$

由图 2 可知样本均值 $\overline{X}$ 属于以下区间的概率为 0.95 ！

$$\mu - 1.96 \frac{1}{\sqrt{3}} \le \overline{X} \le \mu + 1.96 \frac{1}{\sqrt{3}} \quad ①$$

并且，通过变形可得以下区间：

$$\overline{X} - 1.96 \frac{1}{\sqrt{3}} \le \mu \le \overline{X} + 1.96 \frac{1}{\sqrt{3}} \quad ②$$

区间估计的置信度 95%及99%的意义

估计／检验的基础

在得出区间估计的结论"在多少到多少之间的概率为95%"时，95%被称为置信度。这一节将说明置信度的含义。

再来看前面提到的上班族的例子。"假设有三个日本上班族，他们每个月的零用钱分别是3万日元、4万日元和5万日元。根据此信息估计日本所有上班族的零用钱的平均值μ。并且，上班族的零用钱的分布是方差为1的正态分布，单位为万日元。"

根据"正态总体的样本均值定理"，抽取的三个样本的样本均值$\overline{X}$满足以下不等式的概率为0.95（上一节）。

$$\overline{X}-1.96/\sqrt{3} \leqslant \mu \leqslant \overline{X}+1.96/\sqrt{3} \quad ①$$

再把抽样调查时获得的样本均值4代入①式，得：$2.87 \leqslant \mu \leqslant 5.13$。

取样时样本均值$\overline{X}$的取值会发生变化，因此置信区间也会随之变化。置信度为95%意味着在所有可能存在的置信区间①里面，真正包含总体均值μ的区间所占的比例为95%（下一页图）。换句话说，100%减去95%得到的5%也就是不包含总体均值μ的区间所占的比例。同理，置信度为99%的时候也可以如此理解。

[置信度的含义]

不包含总体均值 μ 的区间
（5%包含）

包含总体均值 μ 的区间
（95%包含）

置信区间

μ

< 置信区间不是平均值 >

由上图可知，即使通过区间估计计算出了置信区间，我们也不能获知总体均值具体位于该区间哪个位置。事实上没人能够知道其具体位置。很多人还会以为总体均值位于置信区间的正中间。非常遗憾，没人能给出这样的保证。

μ
?

置信度和置信区间是此消彼长的关系

上一节得出结论是：上班族的零用钱在2.87万日元到5.13万日元之间的概率为0.95。为了使结果更真实可信，怎样做才能既提高置信度又缩小置信区间？

事实上在区间估计中置信度和置信区间的关系是此消彼长的。换句话说，在使用同一个样本的情况下，提高置信度，置信区间会扩大；缩小置信区间，置信度会降低。用前例的数据试着分析一下就能明白这个道理。将置信度设置为99%，并应用正态分布的以下特性。

根据正态分布的特性，随机变量的取值落在以总体均值μ为中心左右2.58倍标准差的区间内的概率为99%。

据此我们求出了上班族零用钱的平均值μ的置信区间，如下所示。

$$2.51 \leqslant \mu \leqslant 5.49$$

99%置信度相比95%置信度的置信区间有所扩大。"提高置信度的同时置信区间会扩大"，仔细想想理所当然。就好比射击，在能力相同（样本容量相同）的情况下，为了提高命中率只好把靶子扩大。

想要保持置信度不变的同时缩小置信区间，只能增加样本容量（参考"正态总体的样本均值的相关定理"中分母$\sqrt{n}$）。样本容量越大，样本越接近总体情况，估计的结果也越准确。

[**置信度和置信区间的关系**]

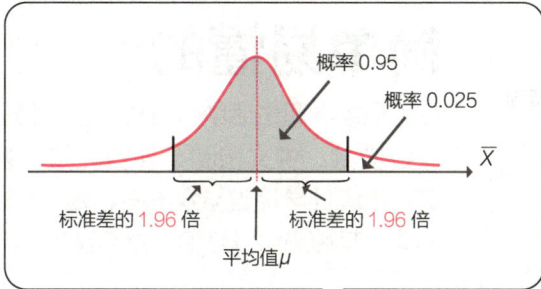

（图 1）

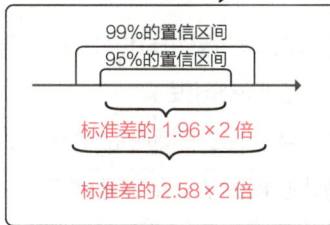

（图 2）

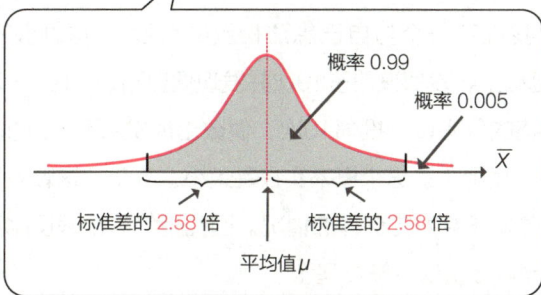

统计学检验的思想是简单易懂的

在我们的学习生活中有各种类型的检验，比如英语检验、中文检验、珠算检验、会计检验等。但统计学检验与众不同，是一种基于概率判断"某种想法或结论"是否正确的方法。

统计检验通常用随机抽样获得的样本的分析结果，判断某个结论是否正确。判断方法其实是非常常见的。

假如我有一颗骰子。我在掷这颗骰子的时候发现，似乎经常掷出偶数。所以，我决定确认这颗骰子上是不是做了什么手脚，即这颗骰子掷出每个数字的概率是否相同。

首先，我设定一个与自己想法相反的假设："这颗骰子是合格的"。在此基础上，投掷该骰子10次并发现偶数出现了8次。基于"这颗骰子是合格的"假设，投掷10次，偶数出现8次及以上的概率大约为0.05（下一页图）。这个概率实在是太小。基于"这颗骰子是合格的"假设，基本不会发生这样的情况。因此拒绝这个假设比接受它更保险。这就是统计检验的基本理念。

也就是说"如果在某些假设下碰巧发生了小概率事件，则应该拒绝此假设"。这不是什么新奇的发明，而是一种在日常生活中经常用到的思想。

[投掷一颗合格的骰子 10 次，偶数出现 8 次及以上的概率]

X	概率
0	0.000977
1	0.009767
2	0.043945
3	0.117188
4	0.205078
5	0.246094
6	0.205078
7	0.117188
8	0.043945
9	0.009766
10	0.000977

8、9、10 和为 0.0547

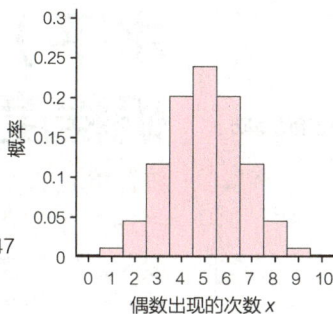

注：这个分布被称为 2 项分布。

[统计学检验的思想]

我看了数据之后感觉假设 H 很可疑

为什么感觉可疑？

如果假设 H 成立，则意味着发生了一件不太可能会发生的事情

那假设 H 确实不太正确

我同意

那么拒绝这个假设比较保险

这样的思考方式就是统计学检验的基本思想！

根据风险率（显著性水平）可知检验的正确程度

统计检验的基本理念是"如果在某些假设下碰巧发生了小概率事件，则应该拒绝此假设"。其实这样的操作也隐藏着风险：有一定概率会拒绝一个明明正确的假设。

基于"这颗骰子是合格的"假设，投掷该骰子10次并发现偶数出现了8次。投掷10次偶数出现8次及以上的概率大约为0.05（下一页图）。这个概率实在是太小，因此可以看作碰巧发生了小概率事件。应该放弃（拒绝）"这颗骰子是合格的"假设。

但如果这个假设是正确的，骰子合格，并且投掷10次偶数出现8次及以上的概率真的只有0.05。意味着放弃一个正确假设的概率也只不过才0.05。因此，0.05是放弃一个正确假设的风险评价尺度，又被称为风险率。

如果考虑到发生小概率事件不是巧合而是必然，作为小概率事件的判断基准，0.05又被称为显著性水平。

还是用骰子的例子进行说明。如果将风险率调低到0.01会得出什么样的结论呢？风险率为0.01意味着在假设成立时偶数出现9次及以上的概率约为0.01，那么偶数出现8次并不能算小概率事件，因此不能放弃原假设（接受）。基于常识应该应该能够理解。换句话说，若要降低犯错的风险率，就不能轻易放弃任何假设。

[10 次中偶数出现 8 次，在风险率（显著性水平）为 5% 时的结论]

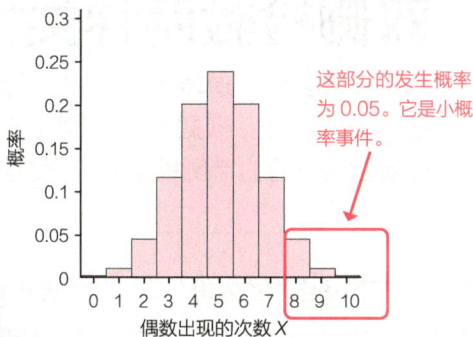

这部分的发生概率为 0.05。它是小概率事件。

X	概率
0	0.000977
1	0.009767
2	0.043945
3	0.117188
4	0.205078
5	0.246094
6	0.205078
7	0.117188
8	0.043945
9	0.009766
10	0.000977

出现 8 次是小概率事件，因此应该放弃原假设。

[10 次中偶数出现超过 8 次，在风险率（显著性水平）为 1% 时的结论]

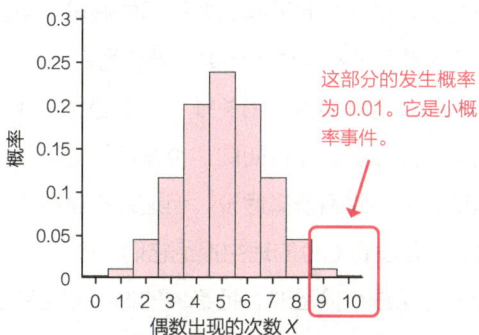

这部分的发生概率为 0.01。它是小概率事件。

X	概率
0	0.000977
1	0.009767
2	0.043945
3	0.117188
4	0.205078
5	0.246094
6	0.205078
7	0.117188
8	0.043945
9	0.009766
10	0.000977

出现 8 次不是小概率事件，因此不应该放弃原假设。

检验分为单侧检验和双侧检验两种类型

在统计检验中"偶发事件"和"偶然区间"被称为拒绝域。根据拒绝域的设定方法，统计检验可以分为单侧检验和双侧检验。

在上一节讲到，"基于骰子合格的假设，掷10次偶数出现8次及以上是一个小概率事件（概率为0.05）"。这也就是说，在偶数出现次数的概率分布图上8次及以上的区间，即分布右侧的区间被称为拒绝域。为什么这么说呢？

这是因为验证者认为"我觉得这颗骰子容易掷出偶数"，因此故意假设"这颗骰子是合格的"并进行检验。此时"这颗骰子是合格的"被称为原假设，是一个验证者想要驳斥的假设。与之相对，验证者想要证明的"这颗骰子容易掷出偶数"被称为备择假设。

因此拒绝域的设定就显得非常关键了。拒绝域选取的范围要有利于验证者证明其备择假设。尽管如此，也有可能会遇到无法驳斥的原假设。此时验证者必须收回备择假设，但这并不意味着验证者必须选择接受原假设，只是没有充分的理由拒绝它而已。

基于以上的理论进行检验时，拒绝域的选择方法有下一页图所示的两种。拒绝域只取单侧称为单侧检验，取两侧则称为双侧检验。

［拒绝域的设定方法］

原假设：总体参数等于 λ 。
备择假设：总体参数大于 λ 时，
适用于右侧检验。

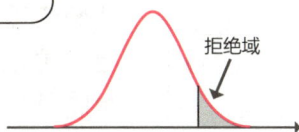

拒绝域

右侧检验

原假设：总体参数等于 λ 。
备择假设：总体参数小于 λ 时，
适用于左侧检验。

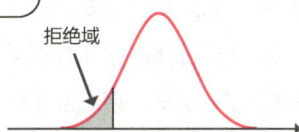

拒绝域

左侧检验

原假设：总体参数等于 λ 。
备择假设：总体参数不等于 λ 时，
适用于双侧检验。

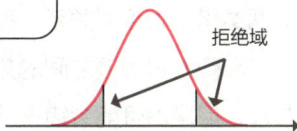

拒绝域

双侧检验

检验时无法避免的两类错误

统计检验中有两种类型的错误。一种是"原假设是正确的，却拒绝了原假设"，另一种是"原假设是错误的，却没有拒绝原假设"。

"如果收集到的样本是有利于备择假设的，则拒绝原假设"是检验的基本思想。通常情况下如果样本统计量在拒绝域之内，原假设会被拒绝，但有时原假设会被错误地拒绝掉。这种"原假设是正确的，却拒绝了原假设"的错误称为第一类错误（拒真）。

假设显著性水平（风险率）为5%，并且样本统计量在拒绝域之内就拒绝原假设。原假设正确时，如果样本统计量出现在拒绝域之内还有可能是发生了概率为5%的小概率事件，于是原假设明明是正确的却被拒绝了。因此，第一类错误的犯错率为5%（风险率或显著性水平）。

相对于第一类错误（拒真），第二类错误则是"原假设是错误的，却没有拒绝原假设"，即"原假设是错误的，却接受了原假设"。

这两类错误为互补关系，即一方成立则另一方不成立。就像火灾报警器的准确性和误报之间的关系。提高火灾报警器传感器的精度就不会漏报，但是也可能会错误地感应到其他类型的热量，增加误报的可能性。

[检验的两类错误]

第一类错误的犯错率 α 就是风险率（显著性水平）。

第二类错误的犯错率 β 基于备择假设的分布计算而得，是不定值，因此难以直接表示。

α 和 β 是此消彼长的关系。

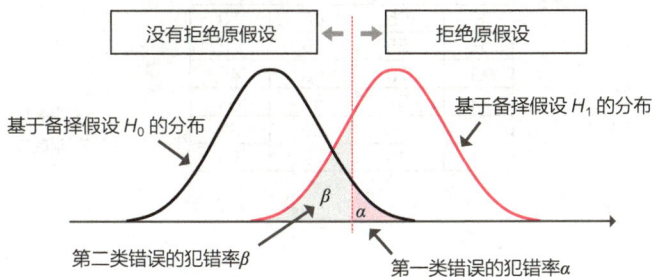

专栏4

·

因子分析

我们总是喜欢用简单的因果关系来解决复杂的问题。比如，"因为他有理科的天赋所以他擅长理科，因为他没有文科的天赋所以他的语文不好"，"他是O型血所以比较随便"。像这样因果关系简单的推理比比皆是。

使用简单的因子来描述复杂事物的统计方法称为因子分析。统计现象背后往往存在纷繁复杂的关系。因子分析旨在对这些关系进行归纳整理成较少的几个因子，并利用这几个因子来解释说明原始数据的内容。

这种方法类似于科学世界的原子论。原子论认为原子的不同组合致使世界上出现了各种复杂的现象。统计学也认为复杂的现象是由因子不同组合而引起的。

学生	理科	社会	语文
A	80	60	50
B	65	88	95
C	72	60	70
D	92	45	64
E	65	60	70
F	55	70	75
G	78	50	45
H	62	61	63
I	38	80	82
J	45	79	85

原子

H, O, …

➡

共同因子

理科能力
文科能力
⋮

第 4 章

4

【基础篇】
回归分析/方差分析/
贝叶斯统计学

（重要的统计解析）

一元回归分析，由1个变量预测其他变量

像广告费和销售额这样相互依赖的变量，如何由其中一个变量预测另一个变量？我们来探讨一下统计分析方法。

下一页表1汇总了过去五年里销售额*y*和广告费*x*的数据。如何基于此表由广告费*x*预测销售额*y*？

只看表是什么也看不出的。首先，根据此表绘制出相关图。也就是说在坐标平面上以（广告费*x*，销售额*y*）为坐标轴绘制数据点（图1）。基于该相关图，是否就可以对销售额*y*进行预测了呢？

再对此相关图进行下一步操作。"绘制一条与相关图中所有点的距离都最小的直线"（图2）。利用该直线就可以如图2箭头所示，由广告费*x*预测销售额*y*。该直线称为回归线，等式*y=ax+b*称为回归方程，广告费*x*称为自变量，销售额*y*称为因变量。使用此回归方程式，将广告费*x*乘以*a*再加上*b*就可以很容易地预测销售额*y*。这种分析方法正是一元回归分析。

理解了一元回归分析的原理，就可以使用Excel等统计分析工具求出回归方程。作为参考，根据表1中的数据求出的回归方程为*y*=5.575*x*+39.779。

注：用Excel进行分析的案例参见附录B第2部分。

［一元回归分析的原理］

（表 1）

年度	广告费 x	销售额 y
2010	2	50
2011	3	65
2012	5	55
2013	8	90
2014	10	95

（100 万日元）

数据图表化。

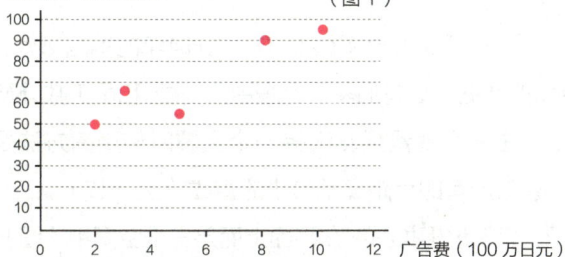

销售额（100 万日元）（图 1）

广告费（100 万日元）

绘制一条与所有点的距离都最小的直线。

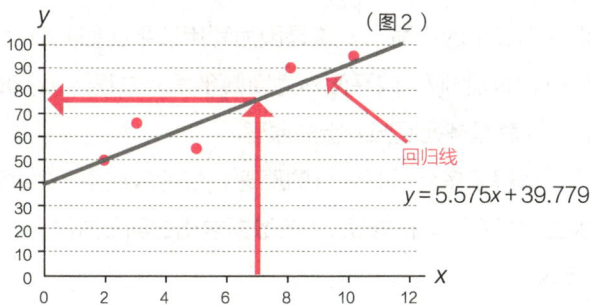

（图 2）

回归线

$y = 5.575x + 39.779$

多元回归分析，由2个以上的变量预测其他变量

让我们来学习由2个或多个变量预测一个变量的多元回归分析。这看上去似乎挺复杂，但是基本思想与一元回归分析相同。

下一页表1显示了2010～2014年的销售额y、广告费x和员工人数u的数据。让我们基于此表由广告费x和员工人数u预测销售额y。

由一个变量预测出另一个变量时使用的方法是在相关图上绘制一条与所有的点距离都最小的直线（上一节）。三个变量时原理也相同，只不过相关图不在平面上而是三维空间中（图1）。

注：在三维空间中绘制2010年的数据点时，先在x方向取2，再在u方向取3，最后在y方向取50（图2），如此即可。绘制其他年份的数据点也同样操作。

三个变量的拟合使用的是三维相关图（空间）中"与所有点的距离都最小的平面"。这是因为利用该平面如图2红线所示，很容易地由x和u预测y。该平面称为回归平面，方程$y=ax+bu+c$称为回归方程。这就是多元回归分析的原理。

理解了多元回归分析的原理，就可以使用Excel等统计分析工具求出回归方程。根据表1中的数据求出的回归方程为$y=5.17x+2.38u+35.35$。

注：用Excel进行分析的案例参见附录B第3部分。

[多元回归分析的原理]

（表 1）

年度	广告费 x /100 万日元	员工人数 u /人	销售额 y /100 万日元
2010	2	3	50
2011	3	2	65
2012	5	2	55
2013	8	3	90
2014	10	4	95

数据图表化。

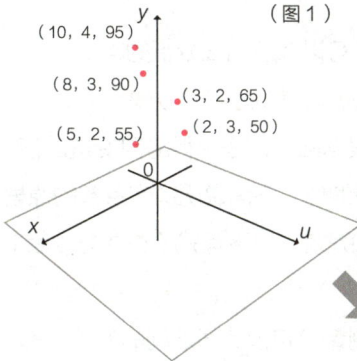

（图 1）

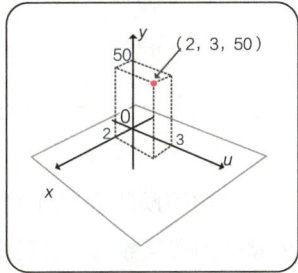

绘制与所有点的距离都最小的平面。

（图 2）

注：无论自变量增加到多少个，回归分析的基本思想都相同。只不过多个自变量使用的多维回归平面超出了我们的想象，不够直观。

决定系数决定回归分析的精度

重要的统计解析

回归分析使用相关图上"与所有点的距离都最小的直线或平面"由多个变量预测一个变量。这一节主要探讨其准确程度。

决定系数（贡献率）R^2可以表示回归分析的精度。

$$R^2=\text{预计值的方差/测量值的方差} \quad ①$$

这里的预计值指的是根据回归方程求得的因变量的值。测量值指的是作为实际数据的自变量的值。下面说明决定系数的原理。

对于测量值、预计值和残差，以下等式始终成立（表1）。

测量值的方差=预计值的方差+残差的方差 ②

但是"残差"指的是测量值和预计值之间的差值，即"误差"。回归线是一条"与所有点的距离都最小的直线"，其实它还可以被重新定义为"残差（误差）的方差最小的直线"（图1）。越接近"残差的方差最小的直线"回归线的精度就越高。根据②式可知，预计值的方差要尽可能接近测量值的方差。因此，根据①式决定系数R^2要尽可能接近1。

决定系数大于0.8意味着回归分析得出的是一个实用的合理结果。为了便于理解决定系数的原理，本节使用的是一元回归分析的例子，但其实对多元回归分析也同样适用。

另外，使用Excel等统计分析工具可以很快求出决定系数。

[体现回归分析精度的决定系数]

测量值、预计值和残差的方差的关系。

（表1）

年度	广告费 x	销售额 y	预计值	残差
2010	2	50	50.929	−0.929
2011	3	65	56.504	8.496
2012	5	55	67.654	−12.654
2013	8	90	84.379	5.621
2014	10	95	95.529	−0.529
方差		334	280.96885	53.00885

（100 万日元）

测量值的方差＝预计值的方差＋ 残差的方差 ②

残差（误差）的方差越小，决定系数越大。

$$决定系数\ R^2 = \frac{预计值的方差}{测量值的方差} = \frac{280.96885}{334} = 0.8412$$

回归直线就是残差（误差）的方差最小的直线！

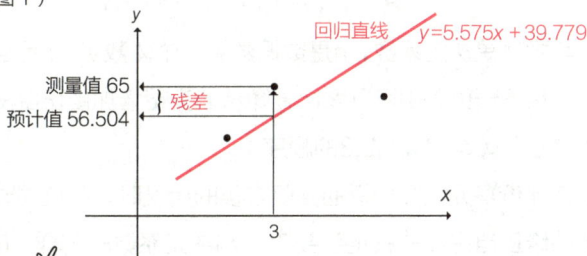

（图1）

回归直线 $y=5.575x + 39.779$

测量值 65
预计值 56.504

残差

自由度调整后的决定系数可以不受回归分析变量个数的影响

在回归分析中，随着自变量的数量增加，决定系数也会相应增加。解决方法是引入修正自由度的决定系数。

决定系数是表示回归方程的精度，显示其与数据的"适合度"的值。但让人头痛的是，"随着自变量的数量增加，决定系数也会增加"（参见表1,2,3），并且即使添加到回归分析中的是毫无关系的自变量，决定系数也会增加。这样看上去好像预测精度获得了大幅提升。比如，在表2的基础上增加一列随机数据得到表3，计算结果显示决定系数R^2的确增加了。尽管由随机数据组成的自变量与因变量之间并没有任何关系，但不管怎么样决定系数都增加了。为了弥补决定系数的这一缺点，我们考虑引入修正自由度的决定系数$\bar{R}^2$。

$$\bar{R}^2 = 1 - (n-1)(1-R^2)/(n-k-1)$$

其中R^2是决定系数，n是数据数量（个体数），k是自变量数（类型）。从下一页表中可以看出，随着自变量增加修正自由度的决定系数$\bar{R}^2$减小了（参见表1,2,3的顺序）。

在评价多元回归分析的回归方程的精度时，建议同时使用决定系数R^2和修正自由度的决定系数$\bar{R}^2$。与决定系数R^2同样，$\bar{R}^2$超过0.8意味着回归方程是实际可用的。

［ 决定系数 R^2 和修正自由度的决定系数 $\widehat{R}^2$ 的变化 ］

（表1）

1 个自变量

年度	广告费 x	销售额 y	预计值	残差
	自变量	因变量		
2010	2	50	50.929	-0.929
2011	3	65	56.504	8.496
2012	5	55	67.654	-12.654
2013	8	90	84.379	5.621
2014	10	95	95.529	-0.529
方差	334	280.9689	53.0089	

（100 万日元）

$$R^2 = \frac{\text{预计值的方差}}{\text{测量值的方差}} = \frac{280.9689}{334} = 0.8412$$

$$\widehat{R}^2 = 1 - \frac{(n-1)(1-R^2)}{n-k-1} = 1 - \frac{(5-1)(1-0.8412)}{5-1-1} = 0.7883$$

（表2）

2 个自变量

年度	广告费 x	员工数 u	销售额 y	预计值	残差
	自变量		因变量		
2010	2	3	50	52.8488	-2.8488
2011	3	2	65	55.6395	9.3605
2012	5	2	55	65.9883	-10.9883
2013	8	3	90	83.8953	6.1047
2014	10	4	95	96.6279	-1.6279
方差			334	282.7211	51.2791

（100 万日元）

$$R^2 = \frac{\text{预计值的方差}}{\text{测量值的方差}} = \frac{282.7211}{334} = 0.8465$$

$$\widehat{R}^2 = 1 - \frac{(n-1)(1-R^2)}{n-k-1} = 1 - \frac{(5-1)(1-0.8465)}{5-2-1} = 0.6930$$

（表3）

3 个自变量

年度	广告费 x	员工数 u	随机数据 s	销售额 y	预计值	残差
	自变量			因变量		
2010	2	3	5	50	51.832	-1.832
2011	3	2	1	65	57.871	7.129
2012	5	2	4	55	65.383	-10.383
2013	8	3	6	90	81.648	8.352
2014	10	4	2	95	98.252	-3.252
方差				334	285.4777	48.4634

（100 万日元）

$$R^2 = \frac{\text{预计值的方差}}{\text{测量值的方差}} = \frac{285.4777}{334} = 0.8547$$

$$\widehat{R}^2 = 1 - \frac{(n-1)(1-R^2)}{n-k-1} = 1 - \frac{(5-1)(1-0.8547)}{5-3-1} = 0.4188$$

绝不是偶然的方差分析

在宣传新技术和新商品的功效时，往往要根据数据说话。如果有人不认可并认为"这是巧合"，该如何反驳呢？

　　将3种肥料A、B、C分别施用于面积、阳光等所有条件都相同的12块稻田中。每块稻田作为一个区块，每4区块施用同样的肥料，半年之后就到了收获季节。收获的结果为：施用肥料A的稻田平均58kg，施用肥料B的稻田平均64kg，施用肥料C的稻田平均61kg。得知这样的结果，好子说："肥料A、B、C的效果存在差异"。但是好子的老板却认为"这只是巧合"而并没有采纳她的意见。在这种情况下，好子应该怎样说服她的老板，证明自己的主张是正确的呢？方差分析可以帮我们解决这个问题。

[是偶然还是必然]

很明显，肥料 A、B、C 的效果存在差异。

	肥料 A	肥料 B	肥料 C
平均产量	58kg	64kg	61kg

你这只是巧合！

［ 使用方差分析验证肥料的效果 ］

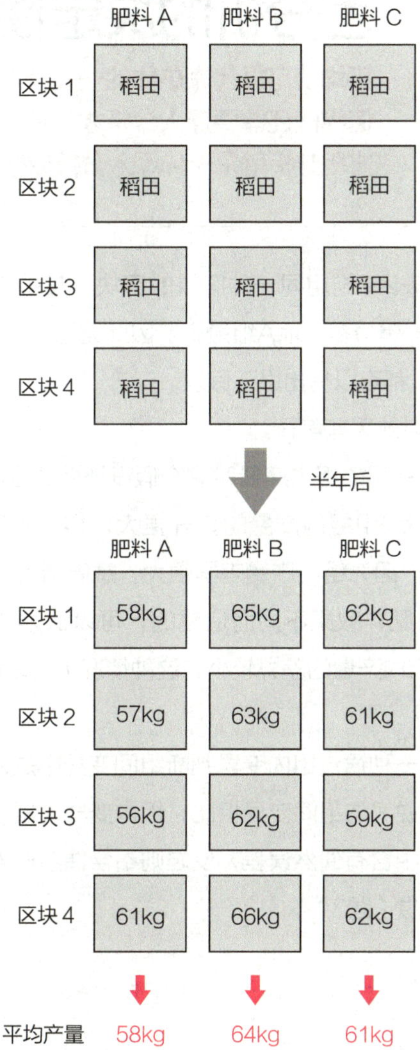

	肥料 A	肥料 B	肥料 C
区块 1	稻田	稻田	稻田
区块 2	稻田	稻田	稻田
区块 3	稻田	稻田	稻田
区块 4	稻田	稻田	稻田

半年后

	肥料 A	肥料 B	肥料 C
区块 1	58kg	65kg	62kg
区块 2	57kg	63kg	61kg
区块 3	56kg	62kg	59kg
区块 4	61kg	66kg	62kg
平均产量	58kg	64kg	61kg

组间和组内的变异是方差分析的决定性因素

平均值可以代表总体的一般情况，但如果平均值相同还需要深入分析才能得出正确的结论。方差分析就是一种深入分析数据的方法。

下页表1和表2中施用同一种肥料的区块，其平均产量相同。其中，B组的平均产量最多，而A组最少。因此无论是根据表1的数据，还是表2的数据，都可以得出以下假设。

假设H：肥料效果有差异。

但是考虑到每组的组内产量时这个假设还能成立吗？对比图1和图2可以看出，表2中组内产量的差异更大。根据表2的内容不太能推断假设H成立。因为组内产量差异很大，意味着组间产量的差异可能并不仅仅是由肥料效果不同而造成的，可以认为"发生了偶然误差"。而表1中组内产量的差异较小，这种情况下可以认为假设H成立并且"不是偶然"。

方差分析是一种通过组内变异判断组间变异中是否含有偶然误差的方法。也就是说"与组间变异相比，组内变异占据很大比重时，可以认为组间变异中含有偶然误差，反之则不含偶然误差"。这就是方差分析的基本思想（图3）。

［方差分析的基本思想］

（表 1）同上一节 （kg）

区块	肥料 A	肥料 B	肥料 C
1	58	65	62
2	57	63	61
3	56	62	59
4	61	66	62
组平均	58	64	61

（表 2） （kg）

区块	肥料 A	肥料 B	肥料 C
1	53	61	72
2	49	69	49
3	72	52	67
4	58	74	56
组平均	58	64	61

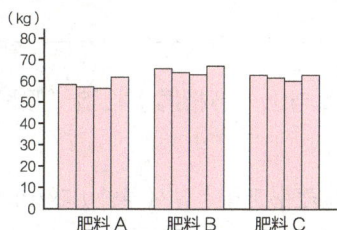

（图 1）组内的变异

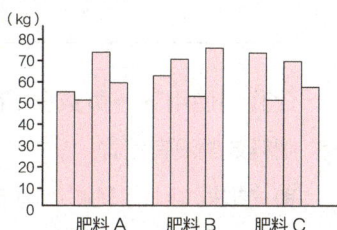

（图 2）组内的变异

因为组内变异小，所以组间变异就可以解释为肥料的效果存在差异，绝对不是偶然的结果！

因为组内变异大，所以组间变异就不仅是由肥料效果不同而造成的，而是由偶然造成的！

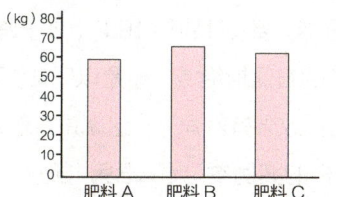

（图 3）组间变动

单位：kg

	肥料 A	肥料 B	肥料 C
组平均	58	64	61

方差分析的基础是使用 F 分布的检验

方差分析着眼于组间和组内数据的差异，即方差的比。方差的比遵循的概率分布被称为 F 分布。

让我们使用下一页数据1的数据（与上一节相同）检验"假设 H_0：肥料效果没有差异"。

首先根据组间偏差和组间波动（偏差平方和）Q_1（表1）求组间变异。再根据组内偏差和组内波动 Q_2（表2）求组内变异。

接下来求 F 分布的自由度。同一种肥料的组间偏差（表1）是相同的，并且每行偏差还要相加为0。因此组间偏差只有两种取值方式，其自由度为2。肥料的组内偏差（表2）虽不用考虑肥料之间的相互影响，但每种肥料（组）内的偏差要相加为0。因此组内偏差的自由度为（区块数−1）×组数=3×3=9。最后计算 $s_1^2 = Q_1/2$ 和 $s_2^2 = Q_2/9$，即组间和组内的无偏方差。这两个无偏方差的比值具有以下特性。

"在假设 H_0 成立时，$F = s_1^2/s_2^2$ 符合自由度为2和9的 F 分布"

由此特性计算可得，数据1的 $F=10.8$（大于临界值4.26），属于风险率为5%的 F 分布的右侧拒绝域。于是以5%的风险率拒绝假设 H_0，并接受"假设 H_1：肥料效果有差异"。这就是方差分析的基本原理。

注：用Excel进行分析的案例参见附录B第4部分。

［使用 F 分布进行检验的方差分析］

（数据 1）

区块	肥料 A	肥料 B	肥料 C		总体均值
1	58	65	62		
2	57	63	61		61
3	56	62	59		
4	61	66	62		
组平均值	58	64	61		（kg）

将组平均和原始数据代入相应的表格中，并计算偏差。

组间偏差 = 组平均值 − 总体均值　（表 1）

区块	肥料 A	肥料 B	肥料 C
1	−3	3	0
2	−3	3	0
3	−3	3	0
4	−3	3	0

$64-61$

组内偏差 = 原始数据 − 组平均值　（表 2）

区块	肥料 A	肥料 B	肥料 C
1	0	1	1
2	−1	−1	0
3	−2	−2	−2
4	3	2	1

$63-64$

● 组间波动 Q_1

$=4\times\{(-3)^2+3^2+0^2\}=72$

● 偏差的自由度 $=2$

● 无偏方差 $s_1^2=72/2$

● 组内波动 Q_2

$=\{0^2+(-1)^2+(-2)^2+3^2\}$

$+\{1^2+(-1)^2+(-2)^2+2^2\}$

$+\{1^2+0^2+(-2)^2+1^2\}=30$

● 偏差的自由度 $=(4-1)\times 3=9$

● 无偏方差 $s_2^2=30/9$

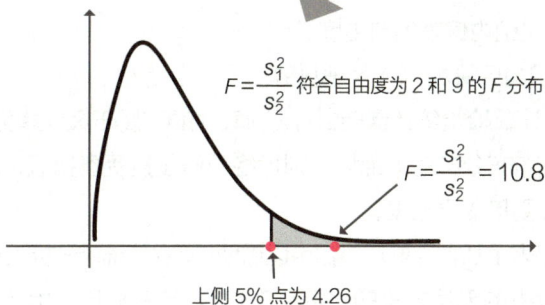

$F=\dfrac{s_1^2}{s_2^2}$ 符合自由度为 2 和 9 的 F 分布

$F=\dfrac{s_1^2}{s_2^2}=10.8$

上侧 5% 点为 4.26

按部就班就可以完成方差分析

方差分析的步骤是确定的，只要按部就班就可以完成。这一节基于上一节中肥料的例子来说明。把区块和肥料更换成其他相应的名称就可以用于处理其他案例。

基于上一节数据1，方差分析步骤总结如下。

首先建立假设。

原假设H_0："肥料效果没有差异"。

备择假设H_1："肥料效果有差异"。

再根据以下步骤计算参数。

（1）算出组间偏差和组间波动Q_1，并由此算出组间无偏方差s_1^2，即$s_1^2=Q_1/f_1$。

其中f_1是组间偏差的自由度。

f_1=肥料数－1

（2）算出组内偏差和组内波动Q_2，并由此算出组内无偏方差s_2^2，即$s_2^2=Q_2/f_2$。

其中f_2是组内偏差的自由度。

f_2=（组内区块数－1）×肥料数

（3）计算检验统计量$F=s_1^2/s_2^2$的值，如果F属于风险率为5%，自由度为f_1和f_2的F分布的拒绝域，则拒绝原假设接受备择假设。如果不属于拒绝域则接受原假设。

计算起来虽然有点麻烦，但可以借助Excel等统计分析工具完成。

注：方差分析的无偏方差的比符合F分布，其前提是原始数据符合正态分布。

[方差分析的步骤]

（数据 1）

区块	肥料 A	肥料 B	肥料 C	总体均值
1	58	65	62	
2	57	63	61	61
3	56	62	59	
4	61	66	62	
组平均值	58	64	61	（kg）

（1）

组间偏差＝组平均值 – 总体均值

区块	肥料 A	肥料 B	肥料 C
1	−3	3	0
2	−3	3	0
3	−3	3	0
4	−3	3	0

组间波动 Q_1

$= 4 \times \{(-3)^2 + 3^2 + 0^2\} = 72$

自由度 $f_1 =$ 肥料数 $-1 = 3-1 = 2$

无偏方差 $s_1^2 = Q_1/f_1$

（2）

组内偏差＝原始数据 – 组平均值

区块	肥料 A	肥料 B	肥料 C
1	0	1	1
2	−1	−1	0
3	−2	−2	−2
4	3	2	1

组内波动 Q_2

$= \{0^2 + (-1)^2 + (-2)^2 + 3^2\}$

$+ \{1^2 + (-1)^2 + (-2)^2 + 2^2\}$

$+ \{1^2 + 0^2 + (-2)^2 + 1^2\} = 30$

自由度 $f_2 = $（组内区块数 -1）$\times$

肥料数

$= (4-1) \times 3 = 9$

无偏方差 $s_2^2 = Q_2/f_2$

$$F = \frac{s_1^2}{s_2^2} = \frac{Q_1/f_1}{Q_2/f_2}$$

（3）

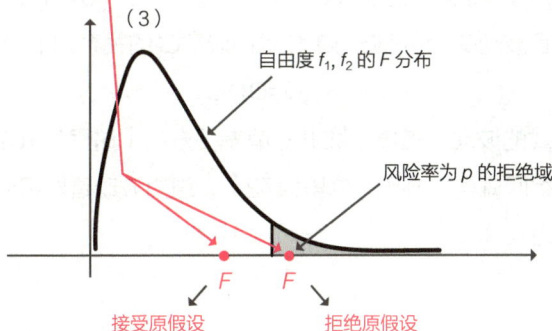

自由度 f_1, f_2 的 F 分布

风险率为 p 的拒绝域

F F

接受原假设   拒绝原假设

理解方差分析首先要理解偏差和波动的性质

重要的统计解析

方差分析也可以用于处理有两种或多种因素作用的案例，例如肥料和湿度对产量的影响。多因素分析方法与单因素相同。为了深刻理解方差分析，本节着重解释偏差和波动的性质。

下一页数据1中有4×3=12个数据，其平均值（总体均值）为61。如表1所示，组间偏差由组平均值减去总体均值计算得出。如表2所示，每个数据减去对应的组平均值可计算出组内偏差。组内偏差还可以看作统计误差，因为每组的试验条件是相同的而得到的数据却不同，这样的差异只能来源于组内个体差异。

从总体均值、组间偏差、组内偏差（统计误差）的角度可以看出，（数据1）的12个数据具有以下特征。

原始数据=总体均值+组间偏差+组内偏差

比如使用肥料A的区块2的数据构成为：57=61+(−3)+(−1)。

并且波动Q、组间波动Q_1和组内波动Q_2的关系如下。

$$Q=Q_1+Q_2$$

上式的波动是指原始数据的偏差平方和（这里为102），组间波动是指组间偏差平方和（这里为72），组内波动是指组内偏差平方和（这里为30）。

〖 偏差和波动 〗

（数据 1）

区块	肥料 A	肥料 B	肥料 C	总体均值
1	58	65	62	61
2	57	63	61	
3	56	62	59	
4	61	66	62	
组平均值	58	64	61	

（kg）

● 波动 $Q = (58-61)^2 + (57-61)^2 + \cdots$

$\cdots + (62-61)^2 = 102$

（表 1）

组间偏差 = 组平均值 − 总体均值

区块	肥料 A	肥料 B	肥料 C
1	−3	3	0
2	−3	3	0
3	−3	3	0
4	−3	3	0

$64 - 61$

（表 2）

组内偏差 = 原始数据 − 组平均值

区块	肥料 A	肥料 B	肥料 C
1	0	1	1
2	−1	−1	0
3	−2	−2	−2
4	3	2	1

$63 - 64$

● 组间波动 Q_1

$= 4 \times \{(-3)^2 + 3^2 + 0^2\}$

$= 72$

● 组内波动 Q_2

$= \{0^2 + (-1)^2 + (-2)^2 + 3^2\}$

$+ \{1^2 + (-1)^2 + (-2)^2 + 2^2\}$

$+ \{1^2 + 0^2 + (-2)^2 + 1^2\}$

$= 30$

原始数据 = 总体均值 + 组间偏差 + 组内偏差（统计误差）

总波动 Q = 组间波动 Q_1 + 组内波动 Q_2

双因素的方差分析（无反复）

本节我们将分析肥料和湿度对水稻生长的影响。虽然看上去挺复杂的，但其实多因素分析与单因素分析的思路相同。

对肥料和湿度效果的检验基于下一页数据1中的4×3=12个数据（水稻产量）。

首先求与肥料相关的组间偏差和组间波动Q_{11}（表1），以及与湿度相关的组间偏差和组间波动Q_{12}（表2）。

接着计算组内偏差（统计误差）。因为在肥料和湿度设定相同的各组中都只有一个数据（称为"无反复"），无法求组内偏差。但是偏差具有以下属性（根据上一节）。

原始数据=总体均值+组间偏差+组内偏差

并且造成组间偏差的是因素的差异，即湿度和肥料的差异的总和。因此以下的关系也成立。

组内偏差=原始数据−总体均值−组间偏差
　　　　=原始数据−总体均值−肥料的组间偏差−湿度的组间偏差

由此可以计算出组内偏差并求其平方和得到组内波动Q_2。

最后将求得的波动除以对应的偏差自由度得到无偏方差。使用肥料的组间无偏方差和组内无偏方差的比作为检验统计量，就可以分析出肥料的效果。湿度的分析也是同样的方法。

［方差分析（无反复）］

（数据 1）

		肥料				湿度的组平均值
		A	B	C	D	
湿度	低	7.2	9.7	9.2	11.0	9.3
	中	9.5	9.0	12.4	15.8	11.7
	高	9.3	9.2	13.7	16.9	12.3
	肥料的组平均值	8.7	9.3	11.8	14.6	

总体均值
11.1

（kg）

波动 $Q = 98.8$

肥料的组间偏差
= 肥料的组平均值 - 总体均值

（表 1）

肥料			
A	B	C	D
-2.4	-1.8	0.7	3.5
-2.4	-1.8	0.7	3.5
-2.4	-1.8	0.7	3.5

肥料的组间波动 $Q_{11} = 64.9$

自由度 f_{11} = 肥料数 $-1 = 4-1 = 3$

湿度的组间偏差
= 湿度的组平均值 - 总体均值

（表 2）

	低	-1.8	-1.8	-1.8	-1.8
湿度	中	0.6	0.6	0.6	0.6
	高	1.2	1.2	1.2	1.2

湿度的组间波动 $Q_{12} = 20.2$

自由度 f_{12} = 湿度数 $-1 = 2$

组内偏差（统计误差）
= 原始数据 - 总体均值 - 肥料的组间偏差 - 湿度的组间偏差

（表 3）

		肥料			
		A	B	C	D
湿度	低	0.3	2.2	-0.8	-1.8
	中	0.2	-0.9	0.0	0.6
	高	-0.6	-1.3	0.7	1.1

$15.8-11.1-3.5-0.6$

$16.9-11.1-3.5-1.2$

组内波动 $Q_2 = 13.8$

自由度 f_2 = (肥料数 -1) × (湿度数 -1) = $3×2 = 6$

注：关于如何使用 Excel 进行分析参见附录 B 第 5 部分。

双因素的方差分析（有反复）

上一节介绍了"无反复"的方差分析。这一节将介绍在"有反复"即设定相同的各组中有多个数据时，如何进行分析。

对肥料和湿度效果的分析基于下一页数据1中的8×3=24个数据（水稻产量）。

首先根据该表求肥料相关的组间偏差（表1）和组间波动Q_{11}，以及与湿度相关的组间偏差（表2）和组间波动Q_{12}。接着计算肥料和湿度相关的组内偏差（表3）和组内波动Q_2。

但是组间波动和组内波动相加才得128.3，小于原始数据的波动168.1。这是因为还需要考虑肥料和湿度的"相互作用"影响。由"原始数据=总体均值+各偏差之和"（上一节）可以算出相互作用的偏差（表4）。

相互作用的偏差=原始数据−总体均值−肥料的组间偏差−

湿度的组间偏差−肥料和湿度的组内偏差

根据上式的计算方法求出相互作用的偏差后，就可以更进一步求出相互作用的波动Q_{13}，并且将求得的波动除以对应的偏差自由度得到无偏方差。使用肥料、湿度、相互作用的无偏方差和组内无偏方差的比作为检验统计量，就可以分析出它们的效果。实际计算时使用Excel等统计分析工具可以很容易得出结果。

[方差分析（有反复）]

（数据 1）

		肥料			湿度的组平均值	总体均值
		A	B	C		
湿度	低	4.90 4.90 8.20 6.60	9.90 6.60 8.20 9.90	9.90 11.50 13.20 11.50	8.78	7.19
	高	4.90 8.20 3.30 6.60	4.90 6.60 8.20 4.90	4.90 6.60 4.90 3.30	5.61	
	肥料的组平均值	5.95	7.40	8.23	波动 $Q = 168.1$	

肥料和湿度的组平均值 （kg）

		肥料		
		A	B	C
湿度	低	6.15	8.65	11.53
	高	5.75	6.15	4.93

注：关于如何使用 Excel 进行分析参见附录 B 第 6 部分。

肥料的组间偏差
= 肥料的组平均值 − 总体均值

（表 1）

肥料		
A	B	C
−1.24	0.21	1.03
−1.24	0.21	1.03
−1.24	0.21	1.03
−1.24	0.21	1.03
−1.24	0.21	1.03
−1.24	0.21	1.03
−1.24	0.21	1.03
−1.24	0.21	1.03

肥料的组间波动 $Q_{11} = 21.2$

自由度 $f_{11} =$ 肥料数 $-1 = 2$

湿度的组间偏差
= 湿度的组平均值 − 总体均值

（表 2）

	肥料		
低	1.58	1.58	1.58
	1.58	1.58	1.58
	1.58	1.58	1.58
	1.58	1.58	1.58
高	−1.58	−1.58	−1.58
	−1.58	−1.58	−1.58
	−1.58	−1.58	−1.58
	−1.58	−1.58	−1.58

湿度的组间波动 $Q_{12} = 60.2$

自由度 $f_{12} =$ 湿度数 $-1 = 1$

组内偏差 （表 3）
= 原始数据 − 组平均值

		肥料		
		A	B	C
湿度	低	−1.25	1.25	−1.63
		−1.25	−2.05	−0.02
		2.05	−0.45	1.68
		0.45	1.25	−0.02
	高	−0.85	−1.25	−0.02
		2.45	0.45	1.68
		−2.45	2.05	−0.02
		0.85	−1.25	−1.63

组内波动 $Q_2 = 46.9$

自由度 $f_2 =$（组内数据数量 -1）
× 组数 $= 3 × 6 = 18$

相互作用的偏差
= 原始数据 − 总体均值 − 肥料的组间偏差
− 湿度的组间偏差 − 组内偏差

（表 4）

		肥料		
		A	B	C
湿度	低	−1.38	−0.33	1.72
		−1.38	−0.33	1.72
		−1.38	−0.33	1.72
		−1.38	−0.33	1.72
	高	1.38	0.33	−1.72
		1.38	0.33	−1.72
		1.38	0.33	−1.72
		1.38	0.33	−1.72

相互作用的波动 $Q_{13} = 39.8$

自由度 $f_{13} =$（湿度数 -1）
×（肥料数 -1）$= 1 × 2 = 2$

103

方差分析的统计学术语

本书到目前为止解释说明方差分析时都使用通俗易懂的词汇。在实际操作时，熟记一些统计学术语会更便利。

各种对实验结果产生影响的要素称为因素（又称因子），比如影响水稻产量的肥料，在分析过程中需要特别关注。因素的不同取值称为水平。三种肥料A、B、C就是因素肥料的三种水平。"属于某组的数据"应该正式写作"属于水平A的数据"，"组平均值"应该写作"水平平均"。此外，

组间偏差=组平均值−总体均值

组内偏差=原始数据−组平均值

等，应该正式写作：

水平间偏差=水平平均−总体均值

水平内偏差=原始数据−水平平均

水平内偏差又称为统计误差。

此外，根据因素的数量方差分析可以分为：

因素数量为1的单因素方差分析

因素数量为2的双因素方差分析

仅考虑"肥料"这一个因素的方差分析是单因素方差分析。考虑"肥料"和"湿度"这两个因素的方差分析则是双因素方差分析。另外，同一水平中只有一个数据的称为"无反复"，而同一水平中有多个数据的称为"有反复"。

[单因素和双因素方差分析]

单因素方差分析

（kg）

区块	肥料 A	肥料 B	肥料 C
	肥料		
1	58	65	62
2	57	63	61
3	56	62	59
4	61	66	62
组平均值	58	64	61

样本容量

（kg）

	因素		
	水平 A	水平 B	水平 C
1	58	65	62
2	57	63	61
3	56	62	59
4	61	66	62
水平平均	58	64	61

组间偏差 =
组平均值 − 总体均值

区块	肥料 A	肥料 B	肥料 C
1	−3	3	0
2	−3	3	0
3	−3	3	0
4	−3	3	0

水平间偏差 =
水平平均 − 总体均值

	水平 A	水平 B	水平 C
1	−3	3	0
2	−3	3	0
3	−3	3	0
4	−3	3	0

组内偏差 =
原始数据 − 组平均值

区块	肥料 A	肥料 B	肥料 C
1	0	1	1
2	−1	−1	0
3	−2	−2	−2
4	3	2	1

水平内偏差 =
原始数据 − 水平平均

	水平 A	水平 B	水平 C
1	0	1	1
2	−1	−1	0
3	−2	−2	−2
4	3	2	1

双因素方差分析

（双因素方差分析无反复）

		肥料 A	肥料 B	肥料 C
		肥料		
湿度	低	58	65	62
	中	57	63	61
	高	56	62	59

只有 1 个数据因此称为 "无反复"

（双因素方差分析有反复）

		肥料 A	肥料 B	肥料 C
		肥料		
湿度	低	57	64	62
		58	66	62
	中	58	65	62
		55	61	60
	高	55	62	61
		57	62	57

有 2 个数据因此称为 "有反复"

为什么现在贝叶斯统计学如此流行

贝叶斯提出的贝叶斯定理可以将人类的经验和直觉与概率无缝连接，因此基于此定理的概率和统计理论的影响力正在逐渐扩大。

贝叶斯定理（①式）是贝叶斯理论的基础，是一则有关条件概率（下一节详细说明）的简单定理。崇尚逻辑性的数学家和统计学家们可能对此定理使用到的主观概率（基于经验和直觉的概率）持怀疑态度，因为它具有模糊性。不过，在贝叶斯时代过去200多年之后的现在，人们正逐渐认识到模糊性正是贝叶斯理论的魅力所在。贝叶斯定理受到追捧的原因是其将经验和直觉等数据与概率相关联，和人类大脑的判断原理十分类似。贝叶斯定理本身非常简单易懂，并且实际使用时不需要太大的计算量。幸运的是，借助于计算机技术的迅猛发展，贝叶斯理论得以大显身手。现在贝叶斯理论被广泛地应用于各个领域并取得了丰硕的成果。例如，它被用于数据分析、信息分析、博弈论、贝叶斯网络、贝叶斯滤波、贝叶斯估计、贝叶斯决策等。

注：贝叶斯定理是由一位生活在200多年前的英国牧师、数学家托马斯·贝叶斯（Thomas Bayes，1702～1761年）创建的。贝叶斯定理是高中数学水平的知识。

[贝叶斯定理]

> 在此先介绍贝叶斯定理的公式,只不过现在还没有必要完全理解它。

$$P(H \mid D) = \frac{P(D \mid H)}{P(D)} P(H) \quad ①$$

注:高中的教科书上写作如下。

$$P_D(H) = \frac{P_H(D)}{P(D)} P(H)$$

[贝叶斯认为概率会随经验变化而变化]

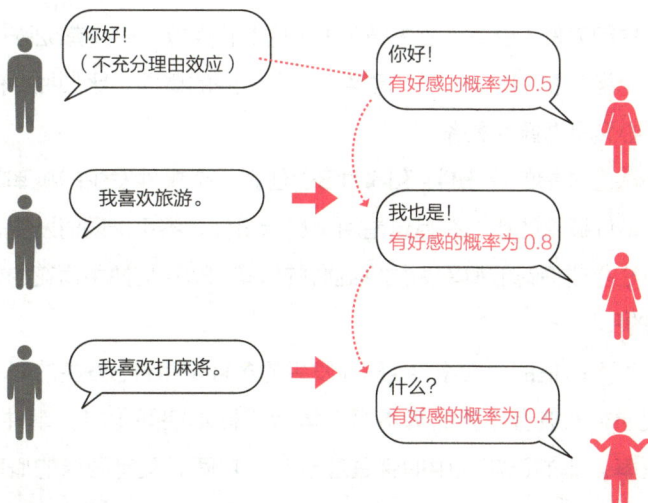

你好!
(不充分理由效应)

你好!
有好感的概率为 0.5

我喜欢旅游。

我也是!
有好感的概率为 0.8

我喜欢打麻将。

什么?
有好感的概率为 0.4

[贝叶斯理论的分类]

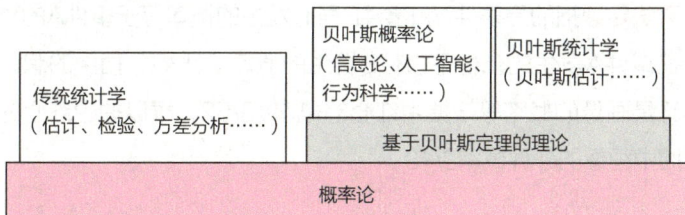

传统统计学 (估计、检验、方差分析……)	贝叶斯概率论 (信息论、人工智能、行为科学……)	贝叶斯统计学 (贝叶斯估计……)
	基于贝叶斯定理的理论	
概率论		

4个贝叶斯统计学的基本概念

贝叶斯统计学使用到的概念有4种："联合概率""加法定理""条件概率""乘法定理"，每个名字看上去都高深莫测，其实内容非常简单。

以抽牌为例，这是一副去掉了大小鬼的扑克牌，一共有52张。

联合概率指的是事件A和事件B共同发生的概率。比如抽中的牌既是红心又是画像的概率。

加法定理指的是事件A和事件B中任意一个事件发生的概率等于这两个事件概率的和，并且这是两个互斥事件，不可能同时发生。比如抽中红心或梅花的概率为抽中红心的概率13/52与抽中梅花的概率13/52的和。

条件概率指的是在事件A已经发生的条件下事件B发生的概率。也就是事件A被看作新的基本事件集合（样本空间）时，事件B发生的概率。比如已知抽中的牌是红心时，它同时又是画像的概率为3/13。这是因为红心有13张且红心画像有3张，其概率就是3/13了。

乘法定理指的是事件A和事件B同时发生的概率等于事件A的概率乘以在事件A发生的条件下事件B发生的概率。比如，抽中的牌既是红心又是画像的概率等于抽中红心的概率13/52，乘以抽中红心的条件下抽中画像的条件概率3/13。

[联合概率]

抽中的牌既是红心又是画像的联合概率

P（红心且画像）$= \dfrac{3}{52}$

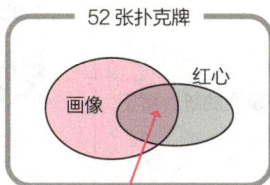

既是红心又是画像的牌有 3 张

[加法定理]

抽中红心或梅花的概率

P（红心或梅花）

$= P$（梅花）$+ P$（红心）$= \dfrac{13}{52} + \dfrac{13}{52}$

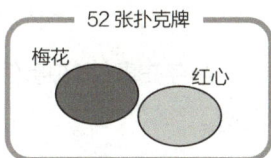

[条件概率和乘法定理]

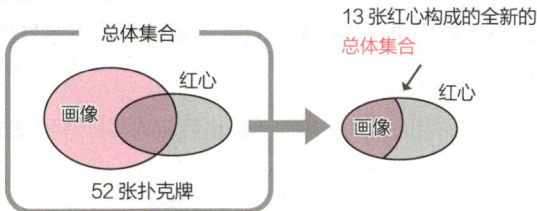

13 张红心构成的全新的
总体集合

抽中红心时此牌同时是画像的**条件概率**可以写作：

$P($ 画像｜红心$)$

$P($ 画像｜红心$) = \dfrac{3}{13}$

因此，

乘法定理

P（红心且画像）$= P$（红心）P（画像｜红心）

$= \dfrac{3}{52} = \dfrac{13}{52} \times \dfrac{3}{13}$

基于条件概率的贝叶斯定理

贝叶斯理论的基础是由条件概率推导出的"贝叶斯定理"。正确理解这个定理至关重要。

当存在事件A和事件B时，根据条件概率和乘法定理可以得出如下结论。

"事件A和事件B同时发生的概率等于事件A的概率乘以在事件A发生的条件下事件B发生的概率"。

用概率公式可以写成如下一页①式。其中 $P(B|A)$ 表示在事件A发生的条件下（即事件A被看作新的基本事件集合）事件B发生的条件概率（参见上一节）。

在①式中A和B是等价的，因此互换A和B得到②式，该等式也成立。

由于联合概率 $P(A且B)$ 和 $P(B且A)$ 等价，因此③式也成立。

③式两边同时除以 $P(B)$ 得到④式，再按照通常写法改写为⑤式，这就是贝叶斯定理了。

也就是说，"在事件B发生的条件下事件A发生的概率等于在事件A发生的条件下事件B发生的概率乘以事件A发生的概率，再除以事件B发生的概率"。看这叙述似乎平淡无奇，但这就是贝叶斯理论的基础。

[贝叶斯定理的推导]

$P(A 且 B) = P(A) \times P(B \mid A)$ ①（乘法定理）

A 和 B 互换得，

$P(B 且 A) = P(B) \times P(A \mid B)$ ②

根据①，②和 $P(A 且 B) = P(B 且 A)$ 可知，

$P(A) \times P(B \mid A) = P(B) \times P(A \mid B)$ ③

两边同时除以 $P(B)$ 得，

$P(A \mid B) = P(A) \times P(B \mid A) / P(B)$ ④

④可以改写为，

$P(A \mid B) = \dfrac{P(B \mid A)}{P(B)} P(A)$ ⑤（贝叶斯定理）

＜贝叶斯定理＞

条件概率 $P(A \mid B)$ 由 $P(B \mid A)$、$P(A)$ 和 $P(B)$ 组成，
可以写作如下等式。这就是贝叶斯定理。

$$P(A \mid B) = \frac{P(B \mid A)}{P(B)} P(A)$$

上式中的 $P(A \mid B)$ 表示"在事件 B 发生的条件下（即事件 B 被看作
新的基本事件集合）事件 A 发生的条件概率"。$P(B \mid A)$ 同理。

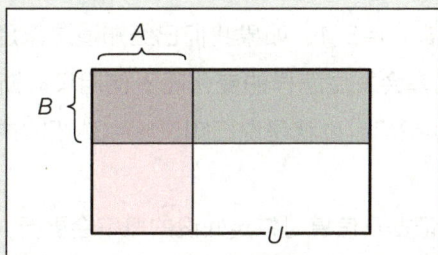

注：在贝叶斯理论中，经常会用到如上图所示的长方形来表示集合。

贝叶斯定理的典型案例

贝叶斯定理是一则基于条件概率的简单定理，但好像不是很容易理解。为了大家今后能更好地使用它，本节将对该定理进行深入阐释。

将上一节介绍贝叶斯定理时用到的字母A和B改写为H和D，可以得到如下概率公式。

$$P(H|D)=P(D|H) \times P(H)/P(D)$$

上式中的H和D分别是假设（Hypothesis）和数据（Data）的首字母。于是贝叶斯定理可以解释为"基于数据D假设H成立的概率为$P(H|D)$"等于"假设H成立时数据D出现的概率为$P(D|H)$乘以假设H成立的概率$P(H)$并除以数据D出现的概率$P(D)$"。

假设某家有两个孩子，这家孩子所有可能的性别组合共有四组。假设H代表"有女孩"，假设D代表"有男孩"。可以看出有女孩的概率为$P(H)=3/4$。如果我们已经知道这家是有男孩的，那么有女孩的概率会发生怎样的变化呢？使用贝叶斯定理就可以求解，知$P(H|D)=2/3$。也就是说已知$P(H)=3/4$且D成立的情况下，$P(H|D)=2/3$。

在有更多证据及信息时特定假设的概率会更新，是贝叶斯理论的一大特色，称为贝叶斯推断。

[贝叶斯定理的例子]

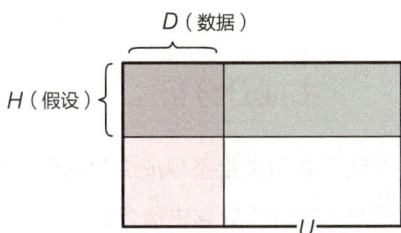

$$P(H \mid D) = \frac{P(D \mid H)}{P(D)} P(H) \quad \cdots 贝叶斯定理$$

其中 H 代表假设，D 代表数据

$P(H)$　$\cdots$ 称为 先验概率（获取数据前的概率）

$P(H \mid D)$　$\cdots$ 称为 后验概率（获取数据后的概率）

$P(D \mid H)$　$\cdots$ 称为 似然度（基于假设 H 数据 D 发生的可能性）

[有两个孩子的家庭和贝叶斯定理]

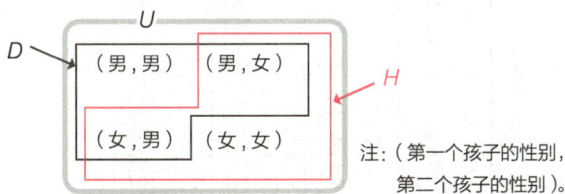

注：（第一个孩子的性别，第二个孩子的性别）。

$$P(H \mid D) = \frac{P(D \mid H)}{P(D)} P(H) = \frac{\frac{2}{3}}{\frac{3}{4}} \times \frac{3}{4} = \frac{2}{3}$$

113

专栏5

·

主成分分析

如果能将大量杂乱无章的变量整理成少数几个主要的变量，我们就能更轻易地提取出数据中蕴含的信息。比如用1到2个变量总结10个变量的信息，原始数据就可以变得简单易懂。

假设有一组数据由四个与身体相关的变量w，x，y，z构成，并且假设u为四个变量之和，u可以写为：

$$u=aw+bx+cy+dz，且a^2+b^2+c^2+d^2=1$$

如何找到合适的a、b、c、d的值，使u的方差达到最大？分析原始数据可以找出答案。基于下表可得u为：

$$u=0.382w+0.277x+0.784y+0.402z ①$$

编号	身高（w/cm）	坐高（x/cm）	体重（y/kg）	胸围（z/cm）
1	145.9	78.2	39.7	56.2
2	154.4	81.2	42.0	60.5
3	157.8	84.0	45.0	61.0
4	153.1	84.4	51.2	64.7
5	161.3	86.1	46.3	61.2
6	156.7	85.8	57.7	67.4
7	170.0	89.8	56.5	65.5
8	159.2	86.6	47.0	63.9
9	151.9	83.7	54.7	67.1
10	159.6	84.8	42.5	60.1
11	148.4	80.0	48.5	64.3
12	157.5	82.8	45.8	60.6
13	154.3	78.9	47.5	62.0
14	154.0	83.5	49.3	60.8
15	154.3	85.2	63.3	69.1
16	155.5	85.3	45.9	60.7
17	157.9	83.8	55.8	67.0

u
131.2
138.8
143.4
148.1
146.5
156.1
160.5
147.4
151.2
142.0
142.8
143.5
143.1
145.1
160.1
143.5
154.3

由于①式中每个变量的系数都为正数，我们可以假设u是身体各指标的综合值，并将其命名为"体质"。可以看出7号"体质"最好而1号"体质"最差。这样的分析方式就是主成分分析。

5

【发展应用篇】

数据的应用

（数据分析的应用事例）

基础知识应用事例

调查2个商品价格之间的关联

本节将根据日本政府部门提供的开放数据绘制两组数据的相关图并确认其相关性。

下表的数据来自日本"政府统计窗口"。这是一份物价调查数据，对象是人口超过15万的城市的"啤酒""发泡酒""咖喱饭"和"油炸豆腐乌冬"的年平均价格，调查时间是2013年。只看表格是无法看出它们之间的关系的。根据表中数据绘制相关图并计算相关系数可以帮助我们深入理解数据。

绘制相关图是分析调查数据最行之有效的方法，可用于分析来自在线网站等的数据。具体的计算和绘图可以交给Excel等统计分析工具。下一页图就用到了Excel的"相关图"绘制功能。

[开放数据例]

调查项目为年平均价格
【人口超过 15 万的城市】

（日元）

	城市名	啤酒	发泡酒	咖喱饭	油炸豆腐乌冬
1	札幌	1,122	761	478	465
2	函馆	1,083	760	543	390
3	旭川	1,090	750	689	593
4	青森	1,077	733	567	595
5	盛冈	1,072	746	643	577
78	大分	1,098	742	615	495
79	宫崎	1,091	745	693	456
80	鹿儿岛	1,142	789	592	473
81	那霸	1,108	756	551	512

上表是由日本"政府统计窗口"主页提供的开放数据整理而成。

116

[啤酒和发泡酒]

相关系数为 0.75。
相关程度很高。

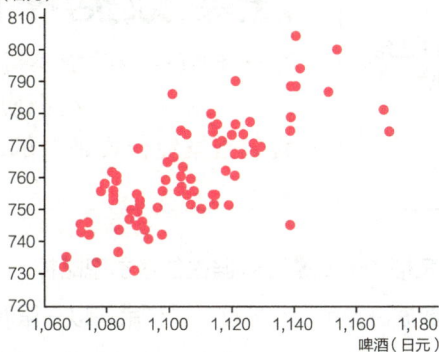

[咖喱饭和油炸豆腐乌冬]

相关系数为 0.22。
相关程度较低。

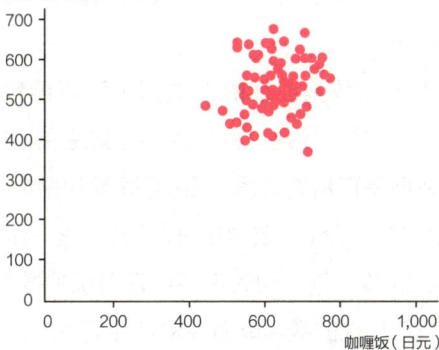

[发泡酒和咖喱饭]

相关系数为 0.09。
这两者之间没有关系。

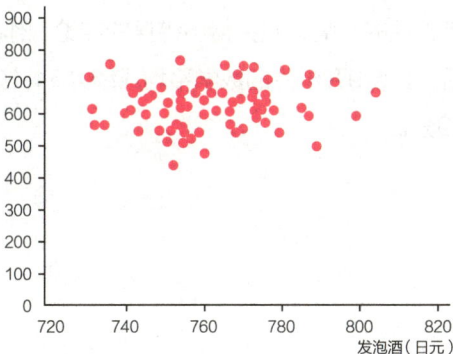

注意数据中的异常值

在一堆数据中明显不同于其他数据的值称为"异常值"。我们应该警惕异常值可能会对数据完整性造成的严重影响。

以表格的形式整理数据往往容易忽略掉异常值。因此推荐使用相关图对数据进行可视化处理，这样就可以一眼看出是否有异常值。

异常值会极大地影响数据分析的结果，我们必须严加防范。

下一页表给出10名学生的英语和数学成绩。可以看出英语的平均成绩高于数学。

从英语和数学成绩的相关图上可以清楚地看出，相比其他学生，8号同学的成绩是有异常的。也就是说，虽然大部分学生的英语和数学成绩是正相关关系，但8号同学却是个例外。他的英语明明取得了90分的好成绩，数学却只有5分。进一步调查发现，8号同学是来自美国的留学生，因为看不懂日语版的数学试卷而无法作答，所以考试成绩和他的数学能力并没有任何关系。

我们应当仔细检查数据并及时清理异常值，尽量避免异常值对数据完整性的影响，避免得出错误的结论。作为参考，在去掉8号异常值后，其余9名学生的数学平均成绩为54.4分，高于英语的平均成绩50.9分。

[成绩一览表]

只看表不能一眼看出异常值。

N0.	英语	数学
1	45	55
2	78	65
3	30	40
4	55	50
5	25	20
6	40	62
7	38	45
8	90	5
9	65	74
10	82	79
平均成绩	54.8	49.5

[成绩的相关图]

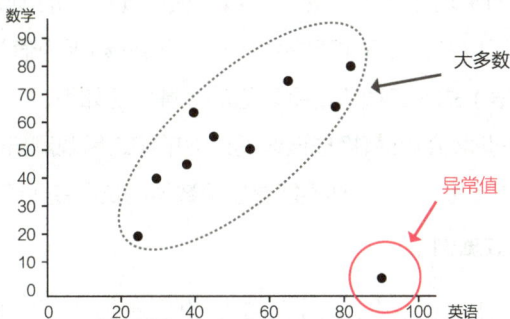

大多数

异常值

在相关图上可以一眼看出数据中是否存在异常值！

用大局观分析短期变化

基础知识应用
事例

像股票价格这样按时间顺序收集到的一系列数据称为时间序列数据。为了分析此类数据随时间的变化状态或程度，往往需要对其进行可视化处理。移动平均图是一个行之有效的方法。

假设有一组时间序列数据：$x_1, x_2, x_3, \cdots, x_n$ ①。对该组数据本身进行可视化处理（下一页图1）是基本的分析方法。此外，进一步分析其移动平均值更能看出其整体变化趋势。在时间序列数据中，多个连续项的平均值称为移动平均值。根据连续项的项数的取值，移动平均值可以分为三项移动平均值、五项移动平均值等。例如，时间序列数据①式的三项移动平均值的计算方法如下。

将时间序列数据替换成该时间点之前和之后观测值的平均值（移动平均值）（图2）。这样更能看出原数据的长期变化趋势（图3）。

「时间序列数据例」

周	1	2	3	4	5	6	7	8	9	10	11	12	13	14	15	16	17	18	19	20	21
股价/千日元	50	40	30	60	55	70	40	50	60	30	80	50	60	40	70	60	50	30	40	60	50

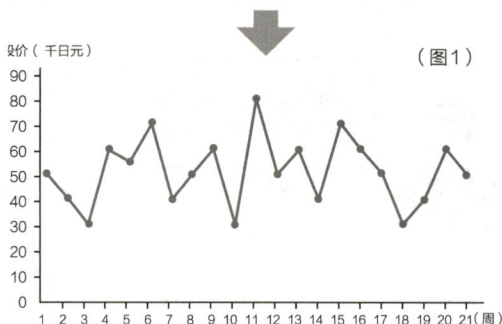

（图1）

[观察三项移动平均值]

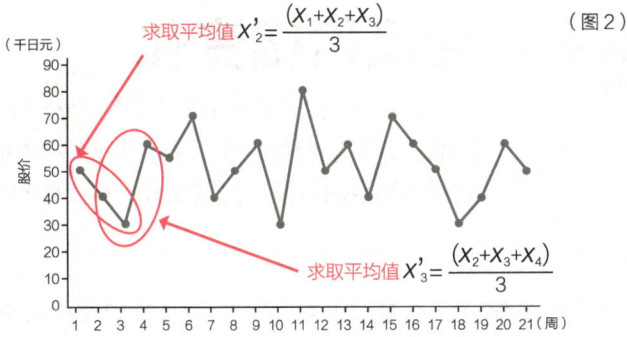

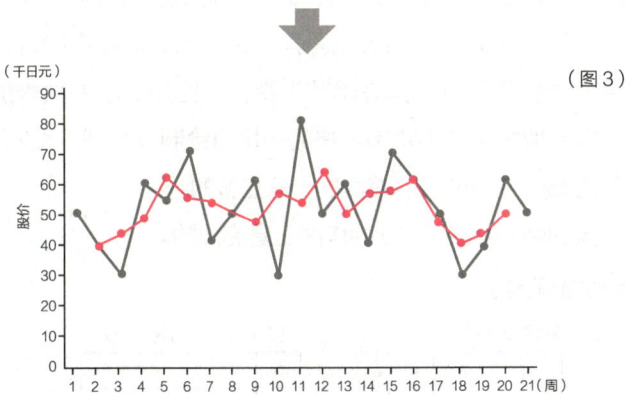

求取平均值 $X'_2 = \dfrac{(X_1 + X_2 + X_3)}{3}$

（图2）

（千日元）

股价

求取平均值 $X'_3 = \dfrac{(X_2 + X_3 + X_4)}{3}$

（千日元）

股价

（图3）

剧烈的波动变得平缓了。

代表尺寸

求取平均值

121

调查区域差异带来的商品价格变化

日本政府统计局（开放数据）经常会公布各种统计数据。本节将使用其公布的每月牛肉价格的时间序列数据作图，并据此分析其变化趋势。

下表是日本部分城市每100克牛肉价格的时间序列数据。首先，用统计分析工具作图（下一页图1），对数据进行可视化处理。从图中可以看出牛肉价格的区域差异很大，比如某城市的价格就很低。并且牛肉价格还明显具有季节性特征，比如夏季到秋季价格波动很大。接着取每个城市牛肉价格的平均值绘制直方图（图2）。可以看出不同城市牛肉价格的差异是十分显著的。

下一页的图都是由Excel的作图工具完成的。

[时间序列数据例]

各城市的牛肉价格　　　　　　　（2013年・日元/100g）

	千叶	佐仓	浦安	东京都区部	八王子	立川	府中	横滨	川崎	横须贺
1月	702	861	408	805	540	587	665	881	713	761
2月	700	836	400	801	720	566	627	843	700	746
3月	655	861	393	765	656	583	614	842	713	746
4月	685	819	394	781	523	571	614	821	665	746
5月	625	819	421	792	537	642	610	827	713	805
6月	641	725	418	782	566	602	614	796	750	724
7月	555	930	408	801	469	698	718	854	725	652
8月	773	851	406	788	548	626	789	795	660	786
9月	667	740	415	781	551	538	616	747	665	871
10月	737	984	401	748	657	666	622	829	700	844
11月	809	886	407	778	680	612	644	829	719	688
12月	756	980	423	758	660	781	643	843	706	796
平均	692	858	408	782	592	623	648	826	702	764

上表是由日本"政府统计窗口"主页提供的开放数据整理而成。

[每月牛肉价格的时间序列图]

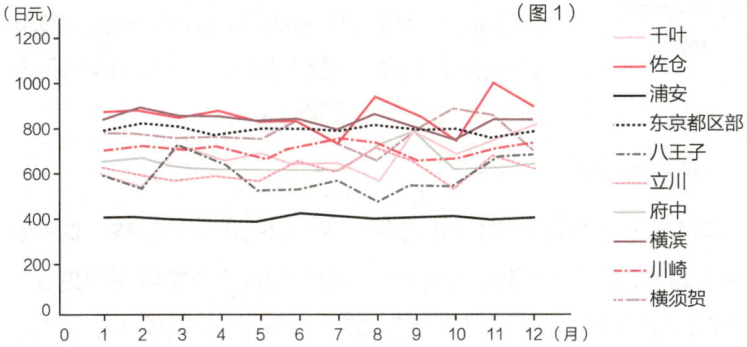

（图 1）

千叶	
佐仓	
浦安	
东京都区部	
八王子	
立川	
府中	
横滨	
川崎	
横须贺	

[牛肉价格的年平均价格]

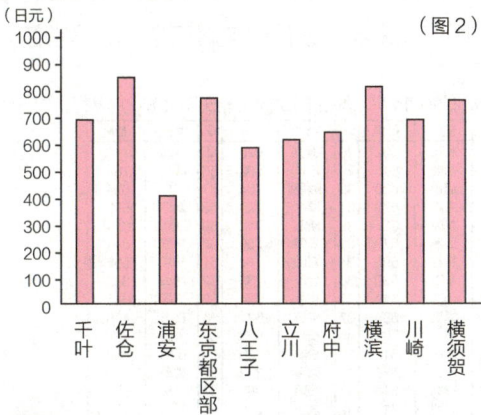

（图 2）

平均值 = 689

无偏方差 = 17329.2

标准差 = 131.6

画出商品价格的分布表

描述统计学多采用图表形式对所搜集的数据进行加工处理，常用频率分布表和频率分布图（相对频率分布图）。

表1是2013年日本各城市每100克牛肉的年平均价格。这些数据来自日本政府统计局公布的数据。首先将81个价格数据整理成组距为50日元的频率分布表（下一页表2）。再根据频率分布表绘制频率分布直方图（图1）。

使用Excel等统计分析工具就可以很容易地绘制出下一页图表。

注：上一节提到，浦安的牛肉价格相比关东其他城市的牛肉价格偏
低。但是从全国范围来看，该价值实属正常，非异常值。

每个城市的牛肉年平均价格（2013年·日元/100g）（表1）

No.	都市	价格	No.	都市	价格	No.	都市	价格
1	札幌	632	28	横滨	826	55	姬路	718
2	函馆	645	29	川崎	702	56	西宫	784
3	旭川	528	30	横须贺	764	57	伊丹	694
4	青森	679	31	厚木	726	58	奈良	698
5	盛冈	857	32	新潟	712	59	和歌山	1044
6	仙台	678	33	长冈	760	60	鸟取	643
7	石卷	606	34	富山	780	61	松江	565
8	秋田	839	35	金泽	785	62	冈山	869
9	山形	412	36	福井	654	63	广岛	615
10	福岛	583	37	甲府	671	64	福山	456
11	郡山	766	38	长野	563	65	山口	789
12	水户	513	39	松本	729	66	宇都	585
13	日立	525	40	岐阜	802	67	德岛	719
14	宇都宫	619	41	静冈	888	68	高松	650
15	足利	717	42	滨松	665	69	松山	679
16	前桥	583	43	富士	1009	70	今治	648
17	埼玉	694	44	名古屋	810	71	高知	792
18	熊谷	685	45	丰桥	776	72	福冈	536
19	川口	624	46	津	769	73	北九州	624
20	所泽	763	47	松阪	743	74	佐贺	796
21	千叶	692	48	大津	665	75	长崎	959
22	佐仓	858	49	京都	839	76	佐世保	554
23	浦安	408	50	大阪	589	77	熊本	460
24	东京都区部	782	51	堺	760	78	大分	940
25	八王子	592	52	枚方	688	79	宫崎	551
26	立川	623	53	东大阪	731	80	鹿儿岛	659
27	府中	648	54	神户	599	81	那霸	1108

[使用频率分布表进行数据整理]

（表2）

组 / 日元	组值 / 日元	频率
350 ～ 400	375	0
400 ～ 450	425	2
450 ～ 500	475	2
500 ～ 550	525	4
550 ～ 600	575	10
600 ～ 650	625	12
650 ～ 700	675	14
700 ～ 750	725	9
750 ～ 800	775	14
800 ～ 850	825	5
850 ～ 900	875	4
900 ～ 950	925	1
950 ～ 1000	975	1
1000 ～ 1050	1025	2
1050 ～ 1100	1075	0
1100 ～ 1150	1125	1
1150 ～ 1200	1175	0

统计分析工具是我们绘制频率分布表的好帮手！如果使用 Excel，可以利用其分析工具中的"直方图"，还可以利用 FREQUENCY 函数！

[基于频率分布表绘制频率分布直方图]

（图1）

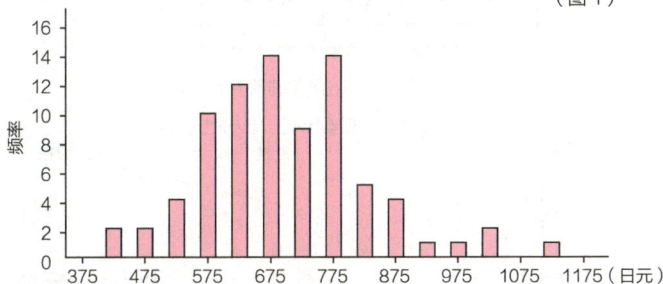

统计分析工具也是我们绘制频率分布直方图的好帮手！绘图时直接使用 Excel 的分析工具中的"直方图"即可。

专栏6

·

判别分析

判别分析是一种通过直线或曲线的判别函数对研究对象的各项数据进行判别分组的分析方法。判别分析可以应用于"根据价格x和性能y对销量高的车和销量低的车进行判别分组，并将分析的结论用于指导今后的生产和销售活动"等等。

车辆类型	价格（x）	性能（y）	合格与否
A	4	6	○
B	5	7	○
C	3	6	○
D	5	5	○
E	6	6	○
F	7	6	×
G	6	5	×
H	3	4	×
I	5	3	×
J	6	4	×

○ 合格
× 不合格

求出判别直线并进行分析

$$0.44x - 0.75y + 1.69 = 0$$

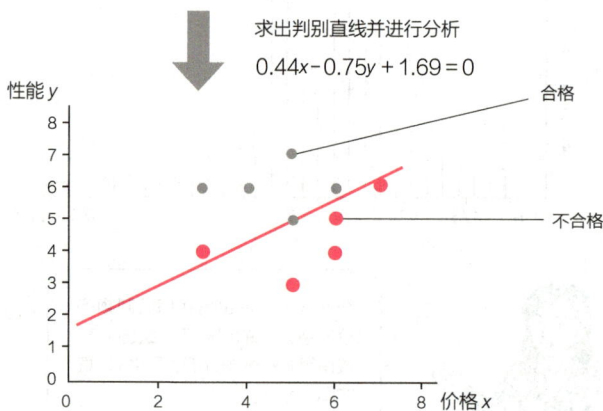

第 6 章

6

【发展应用篇】

概率/总体/样本的应用

（基础知识应用事例）

抽奖时首先要计算什么

对抽奖感兴趣的人一定要具备计算"期望值"的能力。

假设我们有100张奖券。12张是有奖金的,其中2张奖金为1000日元,10张奖金为100日元,另外88张是没有奖金的。假如每次抽奖花费50日元,你会参加这个抽奖吗?首先我们应该依据中奖金额的期望值做出判断。期望值应该是奖金的总金额除以奖券总数的值,计算如下:

$$(1000×2+100×10+0×88)/100=30 \quad ①$$

这意味着每次抽奖的平均中奖金额为30日元。当然这并不等于每次抽奖都一定可以得到30日元,30日元是理论上的期望值。

奖金的期望值是30日元而每次抽奖花费50日元,则每次会产生20日元的亏损。因此不参加抽奖是明智的选择。为了方便理解,还可以假设我们已经购买了100张奖券。这时花费5000日元只能收获3000日元的奖金。

期望值即平均值,本质上相当于数据总和除以总数量。

在抽奖时,一定要事先计算期望值,并与支付金额对比确定损益。

注:期望值也可以看作"(各金额×其概率)的总和"。

[奖券的期望值]

2014 年"夏季珍宝"奖券

	奖金 / 日元	数量
1 等奖	400000000	1
1 等前后奖	100000000	2
1 等不同组奖	100000	99
2 等奖	10000000	2
3 等奖	1000000	100
4 等奖	10000	10000
5 等奖	3000	100000
6 等奖	300	1000000

期望值
143 日元

注：数量指 1000 万张奖券中有奖金的奖券数。

买一张奖券花费 300 日元。期望值为 143 日元（48%），是否意味着每买一张奖券就会亏损 157 日元呢？奖券买得越多损失越大。可是，如果不买就没有机会中奖。

[其他抽奖活动的期望值]

赛马 = 75%
赛艇 = 75%
赛车 = 75%
小钢珠 = 90% 以上

从蒙特卡罗法中感受随机的威力

利用随机数求解图形面积或体积等的方法称为蒙特卡罗法。让我们尝试用米粒计算半径为1米的圆形的面积。

用米粒任意散布的位置来代替随机数。先随意地撒一把米，再根据米粒的位置和数量求出半径为1m的圆形的面积。具体计算步骤如下。

（1）在一张大白纸上画一个边长为2m的正方形，并在正方形内画一个半径为1m的内切圆。

（2）在画好的正方形上撒一把米。

（3）数出正方形区域中米粒的数量 m 和圆形区域中米粒的数量 n。m 和 n 的关系如下。

正方形面积：圆形的面积 $\approx m:n$ ①

（4）由于正方形的面积为4m^2，圆形的面积为π m^2，因此①式也可以改写为如下②式。其中π是圆周率。

$4:\pi \approx m:n$ ②

（5）在一个比例等式中比例外项的乘积等于比例内项的乘积，因此由②式可以推导出以下③式。

$m\pi \approx 4n$ ③

（6）将第（3）步数出的 m 和 n 的值代入到③式即可求出圆形的面积，即圆周率π。

注：使用随机生成的点表示米粒散布的位置。

[蒙特卡罗法]

（随意撒的一把米）

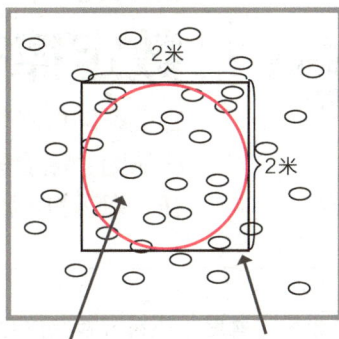

正方形的面积：S 圆形的面积

$\approx m : n$ ①

因此，

$4 : \pi \approx m : n$ ②

因此，

$m\pi \approx 4n$ ③

2米

2米

圆形中有 n 粒米　　正方形中有 m 粒米

＜使用 Excel 进行模拟仿真＞

右图中的点是通过 Excel 的随机数功能生成的。生成的 100 个点随机地散落在正方形的区域内，可以求出 π 的近似值为 3.04。

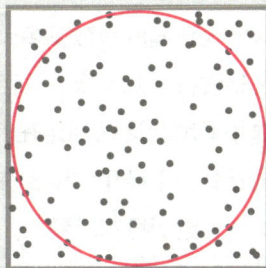

右图中的点是通过 Excel 的随机数功能生成的。生成的 1000 个点随机地散落在正方形的区域内，可以求出 π 的近似值为 3.13。

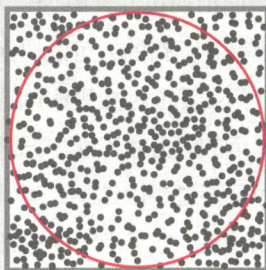

人的幸运和不幸与大数定律有关吗

在概率的世界里有一项被称为"大数定律"的法则。这项法则就能解释世界上为什么存在"幸运的人和不幸的人"。

大数定律就是，随着试验次数的增加，某事件发生的相对频率近似于该事件的真实概率。假如有一枚硬币，其正面和反面出现的概率相同。随机地投掷这枚硬币，并根据试验结果计算其出现正面和反面的频率。在刚开始几次试验中，出现正面和反面的频率会摇摆不定，有时出现正面的次数偏多，有时反面又偏多，或者各占一半，等等。当试验进行了几十次，几百次，几千次甚至几万次以后，正面出现的相对频率就会逐渐稳定在1/2。如果各位读者觉得不可思议，可以自己试着做一下硬币试验。在投掷了几百次硬币之后，各位肯定会对大数法则有更切身的感受。

试验最开始出现正面和反面频率的"摇摆不定"是非常有意思的。把出现正面理解为"幸运"，那么在短暂的人生中由于频率的"摇摆"，有的人可以得到幸运而有的人只能不幸。不过大数法则表明，只要不断地接受命运的挑战，幸运和不幸的天平终将平衡。经历着幸运的人务必不能忘记好运不会持久。而作为概率现象的幸运和不幸也只不过是以结果论英雄。要相信，明天将要发生的事情谁也无法预知，幸运或不幸出现的概率对每个人都是公平的。

[硬币出现正面的相对频率的推移]

试验刚开始时，出现正面和反面的频率并不相同！

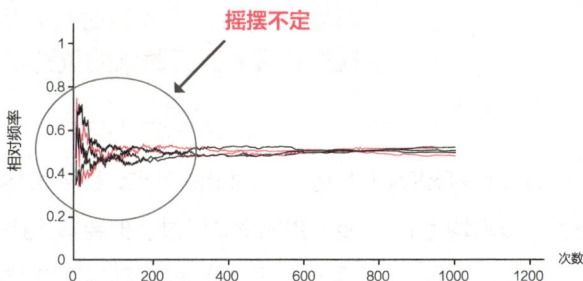

摇摆不定

[骰子出现 1 的相对频率的推移]

试验刚开始时，出现 1 的频率并不是总为 1/6 ！

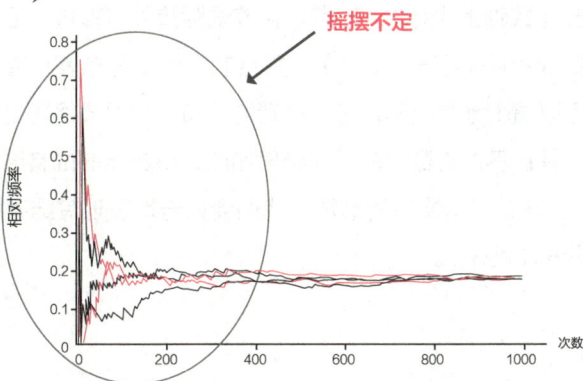

摇摆不定

喝醉的人的目的地是哪里

喝得烂醉的人走路总是东倒西歪的，看起来毫无规律可循。但有趣的是，东倒西歪过后他其实并没有离开原来的位置。

首先假设醉汉最开始处于数轴上的原点，他随机地往右或往左移动5次，概率均为1/2。我们想知道试验过后他会移动到什么位置。

投掷一枚硬币，如果出现正面代表醉汉沿着数轴往右移动1，如果出现反面则代表他沿着数轴往左移动1。假设醉汉的初始位置为数轴原点，我们投掷5次硬币并根据投掷结果模拟醉汉的足迹。假如投掷硬币的结果为：正面，正面，反面，正面，反面。那么这个醉汉从原点开始移动了5步以后的路径为：1+1-1+1-1=1，最终到达的位置是数轴上坐标为1的点。将该试验重复100次，汇总100个最终位置的数据（下一页图1），并绘制出频率分布表和直方图。从图表中可以清晰地看出醉汉最终位置的分布。醉汉最终还是回到了初始位置，并且不仅奇数步的试验结果如此，偶数步的试验结果也如此（图2）。随着试验次数的增加，我们会惊奇地发现其结果完美地符合概率分布（图3）。

概率为 0.5　概率为 0.5

[100 次 5 步试验的结果]

移动了5步 以后的位置	频率
−5	2
−4	0
−3	11
−2	0
−1	41
0	0
1	27
2	0
3	14
4	0
5	5
合计	100

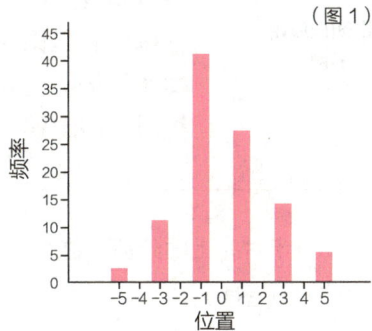

（图1）

[100 次 6 步试验的结果]

移动了6步 以后的位置	频率
−6	3
−5	0
−4	13
−3	0
−2	30
−1	0
0	30
1	0
2	12
3	0
4	9
5	0
6	3
合计	100

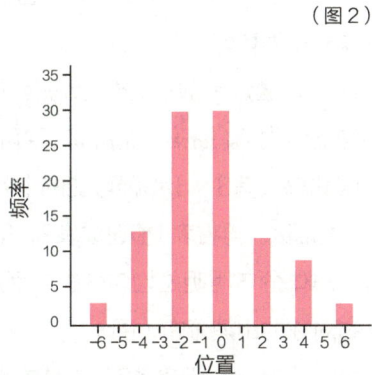

（图2）

[1000 次 10 步试验的结果]

根据 Excel 的模拟结果

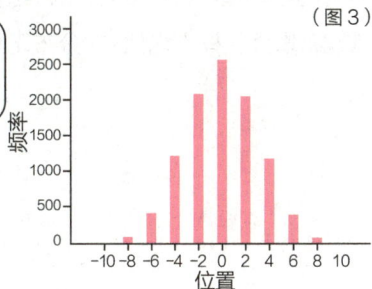

喝醉酒的人走路其实非常有规律!

（图3）

浅析中心极限定理

根据中心极限定理，无论总体分布如何，其样本均值的分布都近似正态分布。本节将详细讲解该定理。

有3张卡片，上面分别写着1、2、3。将这3张卡片上写的3个数字设为总体（图1）。

从其中任意抽出一张卡片，卡片上的数字设为X，那么X的取值可以是1、2、3中任何一个数字，并且概率相等。于是随机变量X的分布即总体分布为均匀分布（图2）。

然后，通过有放回抽样从总体中抽出两张卡片，卡片上的数字的平均值设为$\overline{X}$。抽第一张牌有3种可能性，抽第二张牌也有3种可能性，因此总共有3×3=9种可能的卡片组合。表1列出这9种组合各自的样本均值$\overline{X}$。再将表1整理成表2，得到样本均值$\overline{X}$的概率分布。神奇的是，总体分布明明是均匀分布，而从中抽出两张卡片的平均值竟然是左右对称的山型分布（图3）。

推而广之，在研究了3张卡片的平均值$\overline{X}$（3^3=27种卡片组合），4张卡片的平均值$\overline{X}$（3^4=81种卡片组合），n张卡片的平均值$\overline{X}$之后发现，随着n增大，样本均值$\overline{X}$的分布无限接近于正态分布（图4）。

[浅析中心极限定理]

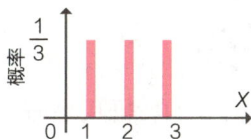

（图 2）

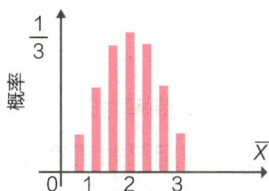

（图 3）

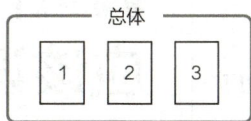

（图 1）

	（抽的第 1 张牌，抽的第 2 张牌）	（样本均值 $\overline{X}$ 的取值）
①	（1，1）	$\overline{X} = \dfrac{1+1}{2} = \dfrac{2}{2}$
②	（1，2）	$\overline{X} = \dfrac{1+2}{2} = \dfrac{3}{2}$
③	（1，3）	$\overline{X} = \dfrac{1+3}{2} = \dfrac{4}{2}$
④	（2，1）	$\overline{X} = \dfrac{2+1}{2} = \dfrac{3}{2}$
⑤	（2，2）	$\overline{X} = \dfrac{2+2}{2} = \dfrac{4}{2}$
⑥	（2，3）	$\overline{X} = \dfrac{2+3}{2} = \dfrac{5}{2}$
⑦	（3，1）	$\overline{X} = \dfrac{3+1}{2} = \dfrac{4}{2}$
⑧	（3，2）	$\overline{X} = \dfrac{3+2}{2} = \dfrac{5}{2}$
⑨	（3，3）	$\overline{X} = \dfrac{3+3}{2} = \dfrac{6}{2}$

（表 1）

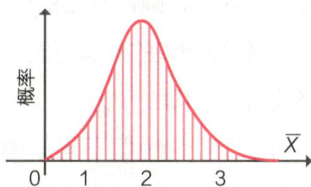

（图 4）

$\overline{X}$ 的取值	$\dfrac{2}{2}$	$\dfrac{3}{2}$	$\dfrac{4}{2}$	$\dfrac{5}{2}$	$\dfrac{6}{2}$	合计
$\overline{X}$ 的频率	1	2	3	2	1	9
$\overline{X}$ 的概率	$\dfrac{1}{9}$	$\dfrac{2}{9}$	$\dfrac{3}{9}$	$\dfrac{2}{9}$	$\dfrac{1}{9}$	1

（表 2）

虽然样本中的数据各不相同，
但是可以发现样本容量 n 约等于 30 时，
近似正态分布！

调查问卷的样本数量应该设为多少

有时我们需要了解一个群体的特征和想法，如果调查对象是全体日本人这样庞大的集合时，样本容量应该设定为多少？

有时调查结果只是一个点估计，比如"内阁支持率为0.45"。但是让人头疼的是无法获知其正确率。本节将使用已知正确率的"总体比例的区间估计"这一概念，来确认对于某项调查来说最合适的样本容量。

当样本容量为n且样本比例为r时，总体比例R的95%置信度的置信区间如下一页①式。这意味着r ± e区间包含真正的总体比例R的可能性为95%。因此，如果e能取一个相对较小的值，则样本比例r可以成为总体比例R的有效估计值。此外，考虑到被调查的对象可能会作出不负责任的回答，e的取值在0.05左右是比较合理的。

下一页表是样本比例r（回答比例）和样本容量n取不同的值时，误差e的相应取值。在实际调查中r会发生变化，并且r取值为0.5时e值最大。不论r取何值，如果认为e值为0.05就可以获得足够合理的调查结果的话，样本容量n设为400就足够了，设为1000则可确保万无一失。可以看出，样本容量与总体规模并没有关系。

[由样本比例 r 估计总体比例 R 的区间估计公式]

95% 置信度的置信区间: $r-e \leq R \leq r+e$ ①

其中, $e = 2\sqrt{r(r-1)/n}$, 并且 n 为样本容量。

注: 严格来说上式中的 2 应该为 1.96, 这里取 2。

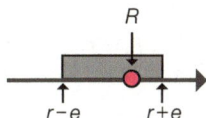

[r 和 n 变化时的 $e = 2\sqrt{r(r-1)/n}$ 的取值]

r \ n	50	100	200	400	1000	5000	20000	100000
0.05	0.062	0.044	0.031	0.022	0.014	0.006	0.003	0.001
0.1	0.085	0.060	0.042	0.030	0.019	0.008	0.004	0.002
0.2	0.113	0.080	0.057	0.040	0.025	0.011	0.006	0.003
0.3	0.130	0.092	0.065	0.046	0.029	0.013	0.006	0.003
0.4	0.139	0.098	0.069	0.049	0.031	0.014	0.007	0.003
0.5	0.141	0.100	0.071	0.050	0.032	0.014	0.007	0.003
0.6	0.139	0.098	0.069	0.049	0.031	0.014	0.007	0.003
0.7	0.130	0.092	0.065	0.046	0.029	0.013	0.006	0.003
0.8	0.113	0.080	0.057	0.040	0.025	0.011	0.006	0.003
0.9	0.085	0.060	0.042	0.030	0.019	0.008	0.004	0.002
0.95	0.062	0.044	0.031	0.022	0.014	0.006	0.003	0.001

[回答人数为 1000 人的调查结果的使用方法]

可以认为"真实的比例大约为 $(a\pm5)$ %"。只不过, 这个想法的置信度为 95%。

调查结果为 a%

专栏7

•

聚类分析

聚 类分析是一种依据研究对象的特征，利用树状结构对其进行分类，并进行数据挖掘的统计分析方法。

下表汇总了5名员工的工作业绩和工作态度的数据。首先基于此表计算2名员工之间的欧氏距离，再按照距离由近到远的顺序将5个人关联起来，最后可以得到如下的树形图（tree diagram）。

员工	工作业绩	工作态度
A	9	2
B	7	3
C	2	9
D	9	7
E	9	9

欧式距离 =

$$\sqrt{(工作业绩的差值)^2+(工作态度的差值)^2}$$

员工	A	B	C	D	E
A					
B	2.24				
C	9.90	7.81			
D	5.00	4.47	7.28		
E	7.00	6.32	7.00	2.00	

例：A、B 之间的距离 =

$$\sqrt{(9-7)^2+(2-3)^2}≈2.24。$$

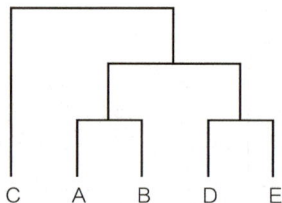

注：聚类(cluster)在英语中表示"群""丛""簇"。

【发展应用篇】

估计/检验的应用

（估计/检验的应用事例）

用极大似然估计法推导图钉针朝上的概率

基础篇介绍过，统计估计的方法有点估计和区间估计。本节将介绍点估计的代表方法——极大似然估计法。并用它计算图钉针朝上的概率。

有一枚图钉，设 p 为随机投掷该图钉时针朝上的概率。本节将使用极大似然估计法估计概率 p。

投掷该图钉5次，针的朝向依次为：朝上，朝上，朝下，朝上，朝下。

在每次试验的结果互不影响的前提下，上述5次试验针的朝向顺序出现的概率 y 为各次的概率乘积，即

y=（朝上概率）×（朝上概率）×（朝下概率）×（朝上概率）×（朝下概率）=$p \times p \times (1-p) \times p \times (1-p)$=$p^3 \times (1-p)^2$ ①

上式称为似然函数。

极大似然估计法的基本思想是，将 p 的估计值设定为一个值，使式中的 y 能取得最大值。也就是说，找到一个 p 的取值，使上述图钉针朝向顺序的现象尽可能容易发生，并将此 p 值看作图钉针朝上的概率。

现在根据①式求 y 取得最大值时的 p 值。先逐渐改变 p 的取值，再将求得的 y 值汇总到表中，并绘图。从图上可以看出，当 p 为0.6时 y 取得最大值。因此，图钉针朝上的概率的估计值为0.6。也就是"投掷该图钉5次中有3次针是朝上的，即图钉针朝上的概率为3/5"，可以完美解释试验结果。

[图钉针朝上的概率 p]

概率 p　　　　概率 $1-p$

[投掷图钉 5 次的结果]

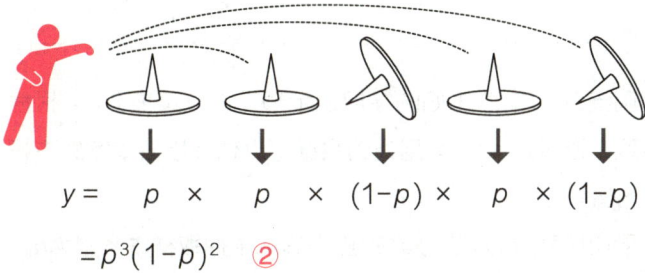

$$y = \quad p \quad \times \quad p \quad \times \quad (1-p) \quad \times \quad p \quad \times \quad (1-p)$$

$$= p^3(1-p)^2 \quad ②$$

[$y = p^3(1-p)^2$ 的图表]

p	y
0.00	0.0000
0.05	0.0001
0.10	0.0008
0.15	0.0024
0.20	0.0051
0.25	0.0088
0.30	0.0132
0.35	0.0181
0.40	0.0230
0.45	0.0276
0.50	0.0313
0.55	0.0337
0.60	0.0346
0.65	0.0336
0.70	0.0309
0.75	0.0264
0.80	0.0205
0.85	0.0138
0.90	0.0073
0.95	0.0021
1.00	0.0000

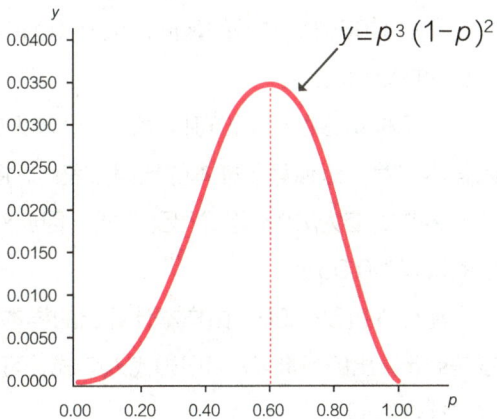

$$y = p^3(1-p)^2$$

从一个较大的样本中求主妇零用钱的平均值

本节将使用一个较大的样本来估计家庭主妇每月的零用钱金额。假定零用钱的总体分布情况未知。

随机调查50名家庭主妇的零用钱金额（下一页表1）。根据中心极限定理，通过这50个零用钱的数据可以估计出日本家庭主妇零用钱的平均值。

"从平均值为μ且方差为σ^2的正态总体中抽取样本容量为n的样本，样本均值为$\overline{X}$，则$\overline{X}$的分布符合平均值为μ且方差为σ^2/n（标准差为$\sigma/\sqrt{n}$）的正态分布（图1）"。

根据正态分布的特性，随机变量的取值落在以总体均值μ为中心、左右1.96倍标准差的区间内的概率为0.95（图2）。那么①式成立的概率为0.95。

由于样本容量n为50可以算是一个较大的样本（大于30），因此总体方差σ^2近似等于样本的无偏方差s^2。将s^2代入①式得到②式。

将②式变为μ的不等式得到③式。因此对于样本均值$\overline{X}$，③式成立的概率为0.95。

将样本容量$n=50$，由样本计算出的样本均值$\overline{X}=15900$和由无偏方差s^2计算出的标准差$s=1680$代入③式，可以计算出如下95%置信度的置信区间。

$$15400 \leqslant \mu \leqslant 16400$$

[50 名家庭主妇的零用钱]

（日元）　　　　　　　　　　　　　　　（表 1）

15500	14100	15600	14700	17600	12000	16600	16400	16000	16100
16100	17000	16900	15900	14200	15300	15400	16200	16600	13600
16900	15900	12800	14000	14500	14000	15100	14100	18100	17300
19900	13900	16600	16600	17900	15700	17700	14600	14400	15900
12700	16200	18500	17500	18200	18800	17800	16000	14700	17000

样本均值 $\overline{X} = 15900$

无偏方差 $s^2 = 2810000$

标准差 $s = 1680$

若 n 的取值足够大时，$\overline{X}$ 的分布是

方差为 $\dfrac{\sigma^2}{n}$，标准差为 $\dfrac{\sigma}{\sqrt{n}}$

的正态分布。

中心极限定理

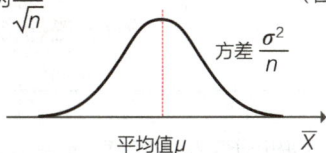

（图 1）

方差 $\dfrac{\sigma^2}{n}$

平均值 μ

[根据正态分布的性质]

（图 2）

概率 0.95

概率 0.025

标准差的 1.96 倍　　标准差的 1.96 倍

平均值 μ

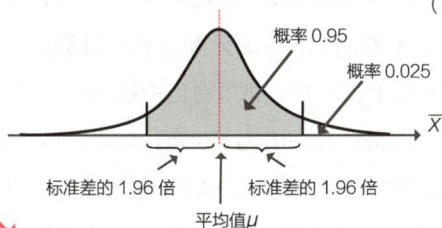

σ 近似于 s

$$\mu - 1.96\,\dfrac{\sigma}{\sqrt{n}} \leqslant \overline{X} \leqslant \mu + 1.96\,\dfrac{\sigma}{\sqrt{n}} \quad ①$$

$$\mu - 1.96\,\dfrac{s}{\sqrt{n}} \leqslant \overline{X} \leqslant \mu + 1.96\,\dfrac{s}{\sqrt{n}} \quad ②$$

变为 μ 的不等式

$$\overline{X} - 1.96\,\dfrac{s}{\sqrt{n}} \leqslant \mu \leqslant \overline{X} + 1.96\,\dfrac{s}{\sqrt{n}} \quad ③$$

将 $n = 50$，$\overline{X} = 15900$
$s = 1680$ 代入可得：

$$15400 \leqslant \mu \leqslant 16400 \quad ④$$

从一个较小的样本中求主妇零用钱的平均值

上一节在总体分布情况未知的前提下，使用区间估计求出了家庭主妇零用钱的平均值区间。假设总体分布情况已知为正态分布，本节将使用一个较小的样本（样本容量小于30）进行估计。

随机调查20名家庭主妇的零用钱金额（下表），据此估计出日本家庭主妇零用钱的平均值。本次使用如下定理：

"从平均值为 μ 且方差为 σ^2 的正态总体中抽取样本容量为 n 的样本，样本均值为 $\overline{X}$，由无偏方差 s^2 计算出的标准差为 s，则统计量 T（下一页①式）的分布符合自由度为 $n-1$ 的 t 分布"（图1）。

本例符合自由度为 19=20−1 的 t 分布。由 t 分布的性质可知，统计量 T 的取值在−2.09到2.09之间的概率为0.95（图2）。于是②式成立的概率为0.95。并且将①式带入②式得到③式，可知③式成立的概率也为0.95。

将③式变为 μ 的不等式得到④式。将样本均值 $\overline{X}$=15900，样本标准差 s=1710和样本容量 n=20代入④式，可以计算出如下不等式：

$$15100 \leqslant \mu \leqslant 16700$$

这就是零用钱平均值的95%置信度的置信区间。

	|（日元）
14800	16800
15100	15500
13600	13900
17300	16200
15000	16000
16500	12300
17800	15800
15800	14400
17400	19300
16900	18400

样本均值 $\overline{X}$ = 15900
无偏方差 s^2 = 2910000
标准差 s = 1710

[统计量 T 的分布]

统计量 $T = \dfrac{\overline{X} - \mu}{s / \sqrt{n}}$ ① 的分布符合

自由度为 $n-1$ 的 t 分布

（图 1）

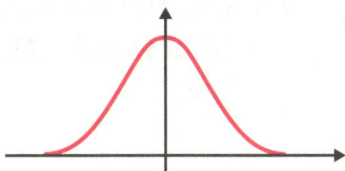

[根据 t 分布的性质]

（图 2）

自由度为 19 的 t 分布   概率 0.95

-2.09 2.09

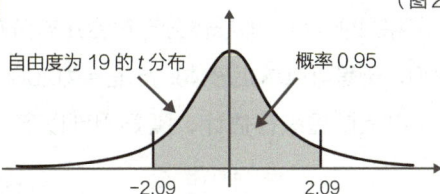

将①式中的 T 代入

$-2.09 \leqslant T \leqslant 2.09$ ②

$-2.09 \leqslant \dfrac{\overline{X} - \mu}{s / \sqrt{n}} \leqslant 2.09$ ③

变为 μ 的不等式

$\overline{X} - 2.09 \dfrac{s}{\sqrt{n}} \leqslant \mu \leqslant \overline{X} + 2.09 \dfrac{s}{\sqrt{n}}$ ④

$\overline{X} = 15900$
$s = 1710$
$n = 20$

$15100 \leqslant \mu \leqslant 16700$

已知方差求主妇零用钱的平均值

上一节使用中心极限定理和t分布计算了家庭主妇零用钱的平均值。但如果总体是正态分布且总体方差已知，那么计算将会变得非常简单。

随机调查16名家庭主妇的零用钱金额（下表），据此估计出日本家庭主妇零用钱的平均值。不过与之前的条件不同，日本所有的家庭主妇的零用钱的分布，即总体分布符合正态分布。总体方差σ^2已知为4000000，于是可以求出总体标准差σ为2000。

基于以上前提进行估计，需要用到以下"正态总体的样本均值定理"。

"从平均值为μ且方差为σ^2的<u>正态总体</u>中抽取样本容量为n的样本，样本均值为$\overline{X}$，则$\overline{X}$的分布符合平均值为μ且方差为σ^2/n的正态分布"（图1）

根据正态分布的特性，随机变量的取值落在以总体均值μ为中心左右1.96倍标准差的区间内的概率为0.95（下一页图2），可以总结为不等式①。将①式变为μ的不等式得到②式。

将样本均值$\overline{X}$=15900、总体标准差σ=2000和样本容量n=16代入②式，可以计算出如下95%置信度的置信区间。

$$14900 \leqslant \mu \leqslant 16900$$

（日元）

15700	14000
15200	15500
16400	21300
15000	15100
13700	22500
12700	16100
16200	14800
13900	16300

样本均值$\overline{X}$ = 15900

[正态总体的样本均值定理]

$\overline{X}$ 的分布是

平均值为 μ，方差为 $\dfrac{\sigma^2}{n}$，

标准差为 $\dfrac{\sigma}{\sqrt{n}}$

的正态分布。

（图 1）

方差 $\dfrac{\sigma^2}{n}$

平均值 μ

$\overline{X}$

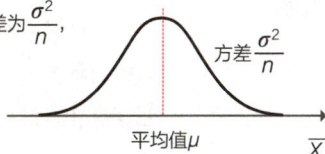

[根据正态分布的性质]

（图 2）

概率 0.95

$\mu - 1.96 \dfrac{\sigma}{\sqrt{n}}$　　　$\mu + 1.96 \dfrac{\sigma}{\sqrt{n}}$

$\overline{X}$

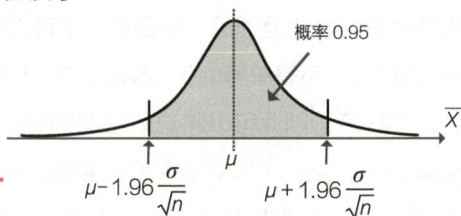

变为 μ 的不等式

$$\mu - 1.96 \dfrac{\sigma}{\sqrt{n}} \leqslant \overline{X} \leqslant \mu + 1.96 \dfrac{\sigma}{\sqrt{n}} \qquad ①$$

$$\overline{X} - 1.96 \dfrac{\sigma}{\sqrt{n}} \leqslant \mu \leqslant \overline{X} + 1.96 \dfrac{\sigma}{\sqrt{n}} \qquad ②$$

$\overline{X} = 15900$

$\sigma = 2000$

$n = 16$

$$14900 \leqslant \mu \leqslant 16900 \qquad ③$$

计算30~40岁男性的单身率

总体中某一特征的比例称为总体比例。本节将使用这一概念以调查单身率为例进行总体比例的估计。

随机调查100名30~40岁的男性得出样本的单身率为0.48，据此估计日本全体男性单身率。

将是否单身进行量化处理后，比例估计就可以参照平均值估计的方法。假设单身为1，不是单身为0，那么单身率就等于数据总和除以数据数量，即平均值。因此可以将总体比例R看作总体均值，样本比例r看作样本均值。应用中心极限定理可以得出以下结论。

"假设n足够大，样本比例r符合总体比例R，方差为$R(1-R)/n$正态分布"（图1）

注：下一页将介绍为什么总体方差为$R(1-R)$。

于是根据正态分布的性质（图2）可知样本比例r满足①式的概率为0.95。将①式变为R的不等式得到②式（计算过程中有一个近似计算）。

将样本比例r=0.48和样本容量n=100代入②式，可以计算出如下不等式：

$$0.38 \leqslant R \leqslant 0.58$$

这就是男性单身率的95%置信度的置信区间。另外，如果想要将置信度设为99%，只需要将②式中的1.96改为2.58即可。

注：如果想要收缩置信区间，只需要增加样本容量即可。

[样本比例 r 的分布]

样本容量 n 的样本比例 r 的分布是

平均值为 R，方差为 $\dfrac{R(1-R)}{n}$，

标准差为 $\sqrt{\dfrac{R(1-R)}{n}}$ 的正态分布。

方差 $R(1-R)/n$

平均值 R　r

（图 1 ）

[根据正态分布的性质]

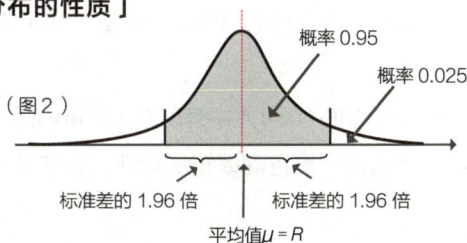

（图 2 ）

概率 0.95

概率 0.025

标准差的 1.96 倍　　标准差的 1.96 倍

平均值 $\mu = R$

$$R-1.96\sqrt{R(1-R)/n} \le r \le R+1.96\sqrt{R(1-R)/n} \qquad ①$$

$$r-1.96\sqrt{r(1-r)/n} \le R \le r+1.96\sqrt{r(1-r)/n} \qquad ②$$

（参考）总体比例为 R 时的总体方差

在由大量 0 和 1 构成的总体中，随机抽取出一个数字设为 X，并且假设 1 的总体比例为 R。于是，X 就是一个符合如下的概率分布的随机变量。

X 的取值	0	1
概率	$1-R$	R

因此，平均值和方差的定义如下：

平均值 $\mu = 0 \times (1-R) + 1 \times R = R$

方差 $\sigma^2 = (0-R)^2 \times (1-R) + (1-R)^2 \times R = R(1-R)$

内阁的支持率的区间估计

电视新闻或报纸上经常会出现"内阁支持率为52%"这样的报道。这就是点估计的案例，而本节将使用区间估计进行分析。

NHK新闻曾报道了关于内阁支持率的新闻。"官方使用了被称为RDD的方法进行了民意调查，即用随机生成电话号码拨打电话进行调查。结果1580人中有1034人做出了回答，显示内阁支持率为52%"。

据报道，在接受调查的1034人中有538人支持内阁。前面讲到，这样的调查结果是点估计，其正确率无从考证。本节使用区间估计分析数据。

通过下一页①式的区间估计公式，可以根据样本比例r求出总体比例R的95%置信度的置信区间。

此例中，民意调查的样本比例r为0.52，样本容量n为1034。代入公式①中可以计算出如下的置信区间。

$$0.48 \leqslant R \leqslant 0.55 \quad ②$$

这就是内阁支持率的95%置信度的区间估计结果。如果想要将置信度设为99%，只需要将②式中的1.96改为2.58即可。更改后计算结果如下。

$$0.47 \leqslant R \leqslant 0.56 \quad ③$$

无论置信度是95%还是99%，实际支持率都有可能低于50%。

［ 使用区间估计分析内阁支持率 ］

这是点估计吗？
置信度是多少呢？

从电视新闻或报纸上获得的信息

内阁支持率为 0.52

其中，
调查形式为 RDD，1580 人里面有
1034 人做出了回答

2014 年 4 月 14 日

这是否意味着我们可以
说，实际支持率已经跌
破 50% 了呢？

总体支持率 R
在置信度 95% 时，

$$0.48 \leqslant R \leqslant 0.55 \quad ②$$

在置信度为 99% 时，

$$0.47 \leqslant R \leqslant 0.56 \quad ③$$

< 区间估计 >

< 求解总体比例的公式 >

样本比例为 r 时，总体比例 R 的置信区间如下。

置信度 95%　$r - 1.96 \times \sqrt{\dfrac{r(1-r)}{n}} \leqslant R \leqslant r + 1.96 \times \sqrt{\dfrac{r(1-r)}{n}}$　①

注：假设样本容量 n 取足够大的数。

调查商务人士零用钱的差异

区间估计不仅可以应用于总体均值和总体比例的估计。事实上，本节将应用区间估计求总体方差。总体方差是总体分散程度的重要指标。

随机调查20名商务人士的零用钱金额，得出样本的无偏方差s^2为2910000，据此估计日本全体商务人士零用钱的方差，即总体方差。

为此，首先要理解下一页的统计量K（①式）。已知其分布符合自由度$n-1$的χ^2（卡方）分布（图1）。本例的自由度f为19=20-1，无偏方差s^2为2910000。由自由度19的χ^2分布的性质可知，以下不等式成立的概率为0.95（图2）。

$$8.91 \leqslant K \leqslant 32.85 \quad ②$$

注：使用Excel等统计分析工具可以很容易计算出8.91，32.85（参见附录A）。

将①式中K带入②式得到③式。并且将③式变为σ^2的不等式得到④式。

将样本容量n=20和无偏方差s^2=2910000代入④式，可以计算出如下不等式。

$$1680000 \leqslant \sigma^2 \leqslant 6210000$$

这就是总体方差σ^2的95%置信度的置信区间。这个区间好像太宽泛了。计算出方差的平方根标准差，得到如下不等式，看上去就容易理解多了。

$$1300 \leqslant \sigma \leqslant 2490$$

[χ^2 分布的性质]

$$K = \frac{(n-1)s^2}{\sigma^2}$$

① 符合自由度为 $n-1$ 的 χ^2 分布。

其中, σ^2 为总体方差。

s^2 为无偏方差。

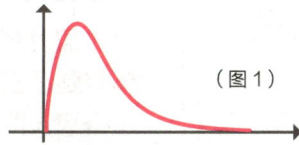

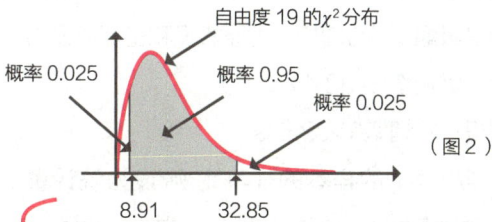

（图 1）

自由度 19 的 χ^2 分布

概率 0.025

概率 0.95

概率 0.025

（图 2）

8.91　　32.85

根据①式

$$8.91 \leq K \leq 32.85 \qquad ②$$

$$8.91 \leq \frac{(n-1)s^2}{\sigma^2} \leq 32.85 \qquad ③$$

变为 σ^2 的不等式

$$\frac{(n-1)s^2}{32.85} \leq \sigma^2 \leq \frac{(n-1)s^2}{8.91} \qquad ④$$

$$1680000 \leq \sigma^2 \leq 6210000 \qquad ⑤$$

调查吸烟率是否有增加

日本男性的吸烟率是呈减少趋势的，2011年降到了32.4%。但是最近不知道为什么感觉吸烟人群又有增加。来看看真相是什么。

我们试着按照统计学检验的思想介绍的步骤来进行检验。

如果相信吸烟率R有增加，则原假设和备择假设为：

原假设：吸烟率R=32.4%

备择假设：吸烟率R>32.4%

将样本容量为n的样本的样本比例r设为统计量。于是，"样本比例r符合平均值为R（总体比例）、方差为$R(1-R)/n$的正态分布（图1）"。

首先，将样本容量n设为100。将R=0.324和n=100代入计算可知，样本比例r符合平均值=0.324，方差=0.324×(1-0.324)/100=0.002190的正态分布（图2）。

再将显著性水平（风险率）设为5%，可以求出该正态分布的上侧5%点为0.40。

注：0.40由Excel代为计算。

最后，实际进行抽样调查。样本容量为100时计算出的样本比例r为0.42（表1）。因为样本比例r的值属于拒绝域，所以拒绝原假设。即备择假设"吸烟率R>32.4%"是成立的。

综上所述，风险率为5%时，可以认为吸烟率上升了。

[总体比例的检验]

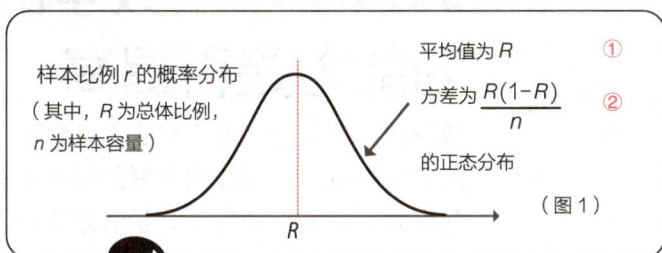

样本比例 r 的概率分布
（其中，R 为总体比例，
n 为样本容量）

平均值为 R　①

方差为 $\dfrac{R(1-R)}{n}$　②

的正态分布

R

（图 1）

根据①式、②式可知，r 的分布是平均值为 0.324 且方差为 0.002190 的正态分布（右图）。其中，样本容量为 100。

样本比例 r 的分布

概率 0.05

0.324　0.40　（图 2）

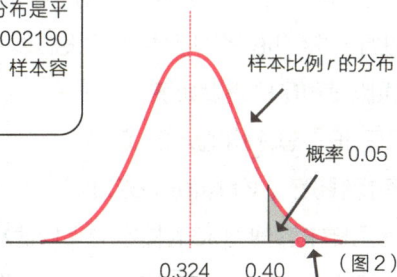

右表是一个关于吸烟与否的抽样调查结果，其中 1 为吸烟，0 为不吸烟，样本容量为 100。样本比例 r 是 0.42。大 于 0.40，属于拒绝域，所以拒绝原假设。

样本比例
$r = 0.42$

（表 1）

调查小学生数学的学习能力是否提高

估计 / 检验的应用事例

数学教学改革是否真正提高了学生的学习能力。全国统一学习能力考试的成本和时间花费巨大，本节将使用统计学的方法来调查学习能力是否提高。

10年来，数学改革是否真正提高了小学生数学的学习能力。为了调查这个问题，本节将使用10年前的考试题（平均值62分，标准差13分）进行一次考试并分析结果。假设总体为正态总体，标准差不变。

原假设和备择假设如下：

原假设：总体均值μ=62.0

备择假设：总体均值μ>62.0

使用样本容量为50的样本的平均值$\overline{X}$作为统计量。根据正态总体样本均值定理，样本均值$\overline{X}$的分布符合正态分布，其平均值为总体均值62.0，标准差为总体标准差13.0除以样本容量50的平方根（图1）。

将显著性水平(风险率)设为5%进行检验。并求出该正态分布的上侧5%点为65.0（图2）。

注：使用Excel等统计分析工具可以很容易地求出正态分布的100p%点（参见附录A）。

此例中，样本容量为50的样本的平均值$\overline{X}$为63.2（表1）。

该值不属于右侧5%的拒绝域，因此不能拒绝原假设，可以认为小学生数学的学习能力并没有提高。

［样本均值 $\overline{X}$ 的分布］

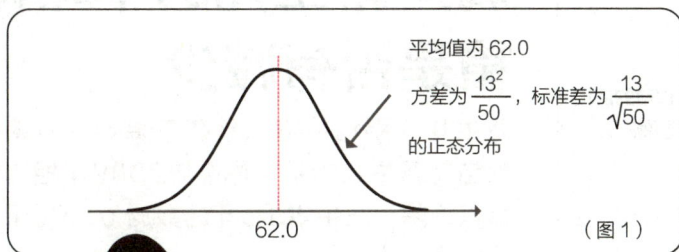

平均值为 62.0

方差为 $\dfrac{13^2}{50}$，标准差为 $\dfrac{13}{\sqrt{50}}$

的正态分布

62.0

（图 1）

［求出上侧 5% 点］

平均值为 62.0 且标准差为 $\dfrac{13}{\sqrt{50}}$ 的正态分布的上侧 5% 点为 65.0

注：使用 Excel 可以轻松求解。

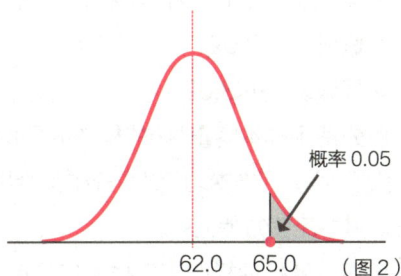

概率 0.05

62.0 65.0 （图 2）

［抽样并进行检验］

根据样本中的数据计算可得，样本均值 $\overline{X}=63.2$ 它小于 65.0，因此该值不属于拒绝域。

44	83	78	84	55
71	69	65	71	62
36	70	47	66	59
54	50	45	68	77
61	69	72	87	65
82	72	47	79	
55	68	68	62	
81	73	53	90	
72	46	63	77	56
39	55	47	52	33

样本均值 $\overline{X}=63.2$

（表 1）

调查新生儿的平均体重是否有减少

新生儿的平均体重似乎在下降。本节将检验当前新生儿的平均体重与2009年相比是否有下降，其中2009年的数据为3.02千克（厚生劳动省）。

将显著性水平(风险率)设为5%进行检验。由于我们主观认为新生儿的平均体重下降了，因此原假设和备择假设如下：

原假设：$\mu=3.02$

备择假设：$\mu<3.02$

首先使用样本容量为n的样本的平均值作为统计量。再假设n足够大（大于30），样本均值$\overline{x}$的分布符合平均值为μ且方差为s^2/n的正态分布。其中无偏方差为s^2。

接着，随机抽样调查了样本容量$n=100$的样本（表1），并根据调查数据求出样本均值$\overline{x}$和无偏方差s^2。

样本均值$\overline{x}=2.91$

无偏方差$s^2=0.217$

最后，求出总体均值为3.02且方差为0.217/100的正态分布的下侧5%点，为2.94（图1）。可以看出，样本均值$\overline{x}$小于下侧5%点，属于拒绝域（图2）。

因此可以得出结论，在显著性水平为5%时拒绝原假设，可以认为相比2009年，当前新生儿的平均体重减少了。

注：使用Excel等统计分析工具可以很容易地求出正态分布的$100p$%点（见附录A）。

[抽取样本]

根据样本中的数据计算可得，
样本均值 $\overline{X} = 2.91$
无偏方差 $s^2 = 0.217$

随机抽取样本容量 $n = 100$ 的样本

（kg）

3.03	2.88	2.36	3.25	3.11	2.39	2.72	2.77	3.64	3.00
2.52	3.18	2.79	3.76	3.10	3.34	3.44	2.75	2.96	3.01
3.49	2.28	2.51	3.00	2.81	2.47	2.60	2.14	2.52	2.95
2.19	2.39	2.75	2.78	3.35	3.23	3.53	2.86	2.97	2.58
2.38	3.18	2.65	3.19	2.34	4.04	3.32	3.67	3.36	2.82
2.67	3.26	2.59	3.61	2.64	3.35	2.46	2.99	2.65	2.47
3.05	3.31	3.35	2.10	2.31	3.21	2.74	2.36	3.06	2.29
3.23	2.77	2.51	2.44	3.28	2.50	2.96	2.87	3.52	2.82
3.55	3.55	2.88	2.54	3.41	1.80	3.59	2.72	2.64	3.93
2.20	2.82	2.61	2.22	3.43	3.38	1.88	3.40	3.47	3.10

（表 1）

[求出下侧 5% 点]

$\overline{X}$ 的分布是

平均值为 3.02，

方差为 $\dfrac{0.217}{100}$ 的正态分布，

下侧 5% 点为 2.94

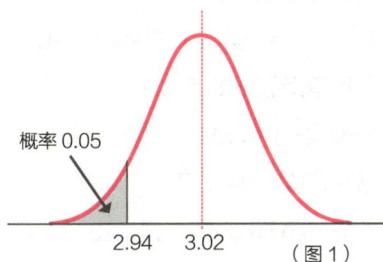

概率 0.05

2.94　3.02　（图 1）

[假设的拒绝与接受]

$\overline{X} = 2.91$，它不属于 5% 的拒绝域。

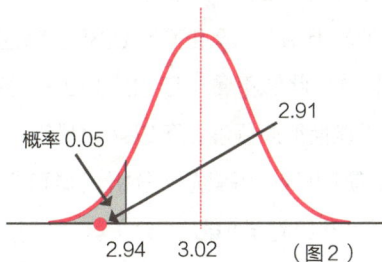

概率 0.05

2.91

2.94　3.02　（图 2）

调查员工的睡眠时间是否有变化

在年底忙季期间与春季相对清闲时期，员工的平均睡眠时间是否有不同呢？假设员工的睡眠时间遵循正态分布，本节将通过一个小样本进行检验。

将显著性水平（风险率）设为1%进行检验。

如果认为春季员工的平均睡眠时间（7.0小时）与年底不同，则原假设和备择假设如下。

原假设：$\mu = 7.0$

备择假设：$\mu \neq 7.0$

首先，将T设为统计量。由样本容量n、样本均值$\bar{x}$、总体均值μ和由无偏方差s^2计算出的标准差s①式可以求出统计量T。于是"统计量T的分布符合自由度为$n-1$的t分布"（图1）。

此次检验使用的小样本的样本容量设为$n=10$（表1）。再根据样本数据计算出样本均值$\bar{x}$、无偏方差s^2和标准差s。可以得出，样本均值$\bar{x}=6.91$，标准差$s=0.35$。将这些数值代入①式可以求出T值为-0.81。此值不属于自由度为9的t分布的两侧1%拒绝域（图2）。因此不能拒绝原假设，可以认为"年底与春季睡眠时间相同"。

注1：使用Excel等统计分析工具可以很容易地求出t分布的百分点（参见附录A第3部分）。

注2：如果n大于或等于30，则t分布近似等于标准正态分布。

［统计量 T 的分布］

$T = \dfrac{\overline{X} - \mu}{s/\sqrt{n}}$ ① 的分布是

自由度为 $n-1$ 的 t 分布

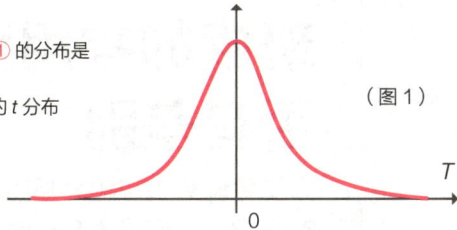

（图 1）

T

0

［抽取样本］

根据样本中的数据计算可得，

样本均值 $\overline{X} = 6.91$

无偏方差 $s^2 = 0.121$

标准差 $s = 0.35$

样本容量为 $n = 10$ 的样本

（小时）

6.82	6.69	6.83	7.45	6.29
7.30	7.27	6.66	6.86	6.88

（表 1 ）

［假设的拒绝与接受］

$T = \dfrac{6.91 - 7.0}{\dfrac{0.35}{\sqrt{10}}} = -0.81$

此值不属于自由度为 9 的 t 分布的两侧 1% 拒绝域。

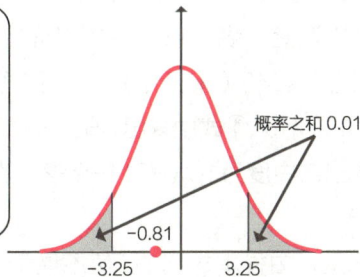

概率之和 0.01

-0.81

-3.25　　　3.25

（图 2 ）

调查东京和大阪的上班族的零用钱水平是否有差别

本节将调查东京和大阪的上班族的零用钱是否有差异。假设这两个地区的零用钱都遵循正态分布，方差相同但未知。

将显著性水平(风险率)设为1%进行检验。

原假设和备择假设如下。并且分别设东京和大阪的零用钱的总体均值为μ_A和μ_B。

原假设： $\mu_A=\mu_B$

备择假设： $\mu_A\neq\mu_B$

参照下一页①式计算统计量。

从总体均值和总体方差相等的两个总体中各抽取出两组样本时，①式中的统计量T符合t分布（图1）。

随机调查11名东京和9名大阪的上班族，得出样本的零用钱平均值分别为51和45（千日元），并且无偏方差分别为20^2和18^2。

把它们代入①式中求出T值：$T=0.70$。

求出自由度为18（即11+9−2）的t分布的两侧1%点，其中右侧为2.88。

于是，由样本求出的T值不属于拒绝域，因此不能拒绝原假设（图2）。

可以认为，两地的零用钱没有差异。

注1：t分布的两侧1%点的求解方法参见附录A第3部分。

注2：使用t分布的检验通常被称作t检验。

[T 的分布]

$$T = \frac{\overline{X}_A - \overline{X}_B}{\sqrt{\left(\dfrac{1}{n_A} + \dfrac{1}{n_B}\right)\dfrac{(n_A - 1)s_A^2 + (n_B - 1)s_B^2}{n_A + n_B - 2}}} \quad ①$$

的分布是自由度为 $n_A + n_B - 2$ 的 t 分布。其中，

两个总体 A 和 B 的总体均值及总体方差均相同。

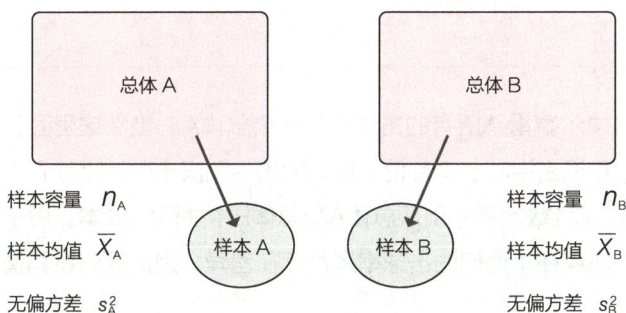

总体 A

总体 B

样本容量 n_A
样本均值 $\overline{X}_A$
无偏方差 s_A^2

样本 A

样本 B

样本容量 n_B
样本均值 $\overline{X}_B$
无偏方差 s_B^2

（图 1）

[T 值与假设检验]

$$T = \frac{51 - 45}{\sqrt{\left(\dfrac{1}{11} + \dfrac{1}{9}\right) \times \dfrac{(11-1) \times 20^2 + (9-1) \times 18^2}{11 + 9 - 2}}} = 0.70$$

$T = 0.70$。此值不属于
自由度为 18 的 t 分布
的两侧 1% 拒绝域。

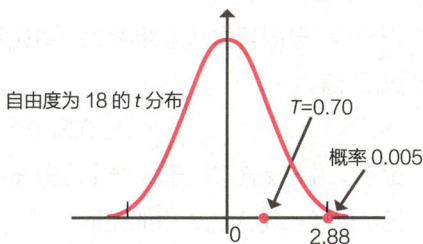

自由度为 18 的 t 分布

$T = 0.70$

概率 0.005

0   2.88

（图 2）

调查棒球选手的击球率是否有差异

有两位职业棒球运动员，分别叫瓦伦丁和埃尔德雷德。本节将根据他们截止到2014年6月上旬的成绩来检验他们的击球率是否有差异。

将埃尔德雷德所有的击球看作一个总体A，当然这里面包含了所有击中和没击中的。将瓦伦丁所有的击中和没击中的击球看作另一个总体B。表1数据是分别从总体A和总体B中抽取的样本。由于本次检验的关注点在于他们的击球率是否存在差异，因此原假设和备择假设如下。

原假设：两人的击球率相等

备择假设：两人的击球率不等

首先，将下一页的z（①式）设为检验的统计量。可知"两人击球率相等（总体比例相等）时，统计量z符合标准正态分布"（图1）。

其中，①式的p_1和p_2分别是A和B的样本比例，n_1和n_2分别是A和B的样本容量（表2）。

再将表2数据看作从总体A和总体B中抽取的样本，并将其代入①式计算出z值。

$$z=0.369$$

最后，由于z值不属于标准正态分布的两侧5%拒绝域（图2），因此无法检验出两人击球率的差异。

注：使用Excel等统计分析工具可以轻松求出标准正态分布的100p%点（平均值为0，方差为1）（参见附录A第2部分）。

[职业棒球的统计数据]

（表 1）

选手名（球队名）	击球数	安打	击球率
埃尔德雷德（广岛）	210	66	0.314
瓦伦丁（东京）	192	57	0.297

[样本比例的差值分布]

$$z = \frac{p_1 - p_2}{\sqrt{p(1-p)\left(\frac{1}{n_1} + \frac{1}{n_2}\right)}} \quad ①$$

的分布是标准正态分布

其中，$p = \dfrac{n_1 p_1 + n_2 p_2}{n_1 + n_2}$

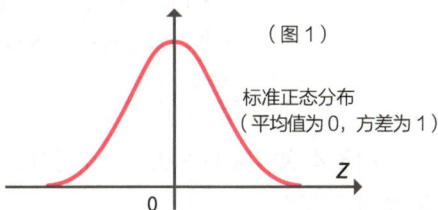

（图 1）

标准正态分布
（平均值为 0，方差为 1）

[求出样本比例]

（表 2）

选手名（球队名）	样本容量	样本比例
埃尔德雷德（广岛）	$n_1 = 210$	$p_1 = 0.314$
瓦伦丁（东京）	$n_2 = 192$	$p_2 = 0.297$

数据代入①式

$p = 0.306$，$z = 0.369$

样本 埃尔德雷德击中和没击中的击球 总体 A

样本 瓦伦丁击中和没击中的击球 总体 B

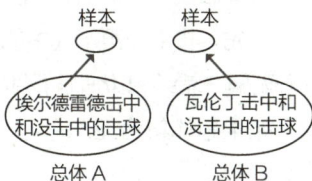

[假设的拒绝与接受]

$z = 0.369$。不属于标准正态分布的两侧 5% 拒绝域。

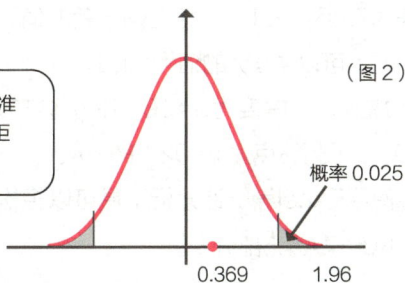

（图 2）

概率 0.025

0.369　1.96

调查葡萄酒实际容量的方差是否有变化

假设某葡萄酒厂生产的葡萄酒规格为720毫升，其实际容量的方差为2.2^2。最近，酒厂担心实际容量的方差发生了变化。本节将检验方差是否真的有变。

由于本次检验的关注点在于总体方差是否有变化，因此原假设和备择假设如下。

原假设：实际容量的方差等于2.2^2

备择假设：实际容量的方差不等于2.2^2

首先，将下一页①式中的χ^2设为检验的统计量。统计量χ^2（卡方）等于无偏方差s^2乘以$n-1$再除以总体方差σ^2。其中n为样本容量。

如果总体符合正态分布，则统计量χ^2符合自由度为$n-1$的χ^2分布（图1）。

再从工厂生产的葡萄酒中随机抽取10瓶，测量后求得样本的无偏方差为7.86（表1）。将无偏方差的值，$n=10$，总体方差$\sigma^2=2.2^2$代入①式，可以求出χ^2的值为14.6。

并且，自由度为$9=10-1$的χ^2分布两侧5%点中，下侧5%点为2.70，上侧5%点为19.02（图2）。

注：使用Excel等统计分析工具可以轻松求出χ^2分布的$100p$%点（参见附录A第5部分）。

最后，可以看出χ^2的值不属于拒绝域（图2）。因此不能拒绝原假设。可以认为实际容量的方差为2.2^2。

注：使用χ^2分布的检验称为χ^2检验。

[检验中使用的统计量的分布]

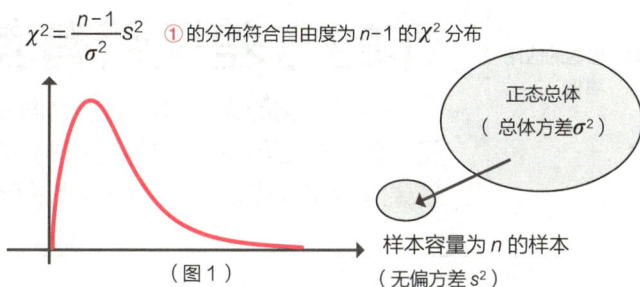

$$\chi^2 = \frac{n-1}{\sigma^2}s^2 \quad ①的分布符合自由度为 n-1 的 \chi^2 分布$$

正态总体
（ 总体方差 σ^2 ）

样本容量为 n 的样本
（无偏方差 s^2）

（图 1）

[抽取样本]

根据右表，
无偏方差
$s^2 = 7.86$

样本（ml）　　　　（表 1）

| 720.9 | 716.9 | 718.0 | 721.8 | 723.3 |
| 717.2 | 725.4 | 718.0 | 719.4 | 721.1 |

[假设的拒绝与接受]

$$\chi^2 = \frac{10-1}{2.2^2} \times 7.86 = 14.6$$

不属于自由度为 9 的 χ^2 分布
的两侧 5% 拒绝域。

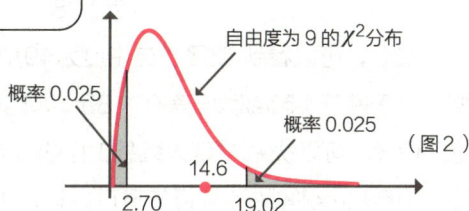

自由度为 9 的 χ^2 分布

概率 0.025

概率 0.025

（图 2）

14.6

2.70　　　　19.02

调查两个人的装袋工作的方差是否有差异

太郎和花子同时做一项将100克面粉装入袋子中的工作。与花子相比，太郎装袋工作的结果好像不太稳定，本节将对此进行检验。

将太郎的所有装袋工作成果看作总体A，将花子的所有装袋工作成果看作总体B。于是问题变为如何通过检验判断这两个总体的方差是否存在差异。假设这两个总体都是正态总体。

由于本次检验的关注点在于总体方差是否有差异，因此原假设和备择假设如下。

原假设：两人装袋工作的方差相等

备择假设：两人装袋工作的方差不等

首先，将统计量f设为太郎样本的无偏方差（样本容量为n_A）和花子样本的无偏方差（样本容量为n_B）之比①式。并且已知统计量f符合自由度为n_A-1和n_B-1的F分布。

再随机从总体A中抽取50袋，总体B中抽取40袋作为样本。根据样本求出各自的无偏方差，并进一步求出f值。可知：

$$f=2.08$$

最后，可以看到f值属于自由度为49和39的F分布的两侧5%拒绝域（小于等于0.55或大于等于1.85），因此在显著性水平为5%时拒绝原假设。可以认为"两人装袋工作的方差不等"。

注：使用Excel等统计分析工具可以轻松求出F分布的$100p$%点（参见附录A第4部分）。

[检验中使用的统计量的分布]

$$f = \frac{s_A^2}{s_B^2} \quad ① \text{ 的分布是}$$

自由度为 n_A-1 和 n_B-1 的 F 分布

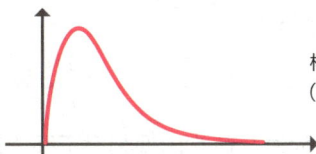

样本容量 n_A 的样本（无偏方差 s_A^2）← 正态总体 A（总体方差 σ^2）

样本容量 n_B 的样本（无偏方差 s_B^2）← 正态总体 B（总体方差 σ^2）

[抽取样本]

太郎的样本容量为 50 的样本 （g）

99.39	101.22	98.54	100.52	99.89
99.14	99.32	99.58	100.40	97.52
99.79	100.73	100.71	101.75	101.61
101.74	101.46	98.71	100.70	100.70
100.14	99.94	100.23	99.74	99.37
98.80	98.85	98.05	98.29	99.45
99.21	98.71	100.01	98.61	100.86
99.61	99.57	99.40	99.87	101.96
100.92	100.06	101.19	100.41	99.18
100.13	101.43	100.10	100.57	101.46

无偏方差 $s_A^2=1.10$

花子的样本容量为 40 的样本 （g）

100.02	101.10	98.88	101.36	100.07
100.01	99.99	99.82	99.95	99.54
99.10	100.62	102.16	99.62	100.52
99.29	99.94	101.29	99.75	100.16
98.88	100.74	99.12	99.82	100.28
99.76	99.94	99.94	98.92	99.47
100.95	99.43	99.54	100.02	99.28
99.07	99.56	99.60	99.52	99.97

无偏方差 $s_B^2=0.53$

[假设的拒绝与接受]

$f=s_A^2/s_B^2=2.08$。f 值属于自由度为 49 和 39 的 F 分布的两侧 5% 拒绝域。

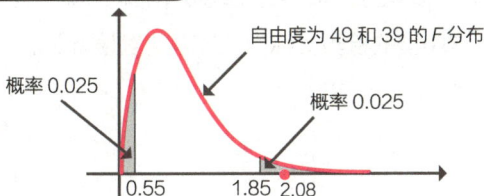

自由度为 49 和 39 的 F 分布

概率 0.025

概率 0.025

0.55　1.85　2.08

调查骰子是否有异常

正常的骰子扔出每一个数字的期望值都应该相同。但现在这颗骰子似乎有点问题，每个数字出现频率好像不太一样。本节将检验骰子是否有异常。

由于本次检验前主观地认为每个数字出现频率不同（表1），因此原假设和备择假设如下。

原假设：数字的出现频率相同

备择假设：数字的出现频率不同

首先计算统计量。已知"对样本中的每个数据，计算其观测频率与期望频率的差的平方并除以期望频率，相加得到①式。并且x^2服从自由度为5的x^2分布"（图1）。

观测频率等于期望频率时，x^2值为0；二者相差越大，则x^2值越大。因此此次检验适用上侧检验。

注：由于数字出现的可能性为6，6-1=5可计算出自由度为5。

实际投掷骰子300次，并将结果汇总得表2。根据表2可以计算出x^2值为2.88。

计算出的x^2值不属于自由度为5的x^2分布的上侧5%拒绝域（图2），可以认为"数字的出现频率相同"。

注：这类型的检验又称为"拟合优度检验"。

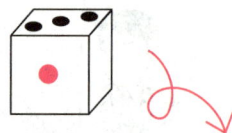

投掷骰子300次！

[检验中使用的统计量的分布]

$$\chi^2 = \frac{\left(f_1 - e_1\right)^2}{e_1} + \frac{\left(f_2 - e_2\right)^2}{e_2} + \cdots$$
$$+ \frac{\left(f_6 - e_6\right)^2}{e_6} \quad ①$$

是自由度为 6-1=5 的 χ^2 分布

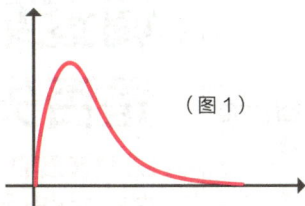

（图 1）

骰子的数字	1	2	3	4	5	6
观测频率	f_1	f_2	f_3	f_4	f_5	f_6
期望频率	e_1	e_2	e_3	e_4	e_5	e_6

（表 1）

[试验结果]

实际投掷骰子 300 次的结果 （表 2）

骰子的数字	1	2	3	4	5	6
观测频率	47	52	43	53	47	58
期望频率	50	50	50	50	50	50

[假设的拒绝与接受]

$$\chi^2 = \frac{\left(47-50\right)^2}{50} + \frac{\left(52-50\right)^2}{50} + \cdots + \frac{\left(47-50\right)^2}{50} + \frac{\left(58-50\right)^2}{50}$$
$$= 2.88$$

不属于 χ^2 分布的上侧 5% 的拒绝域。

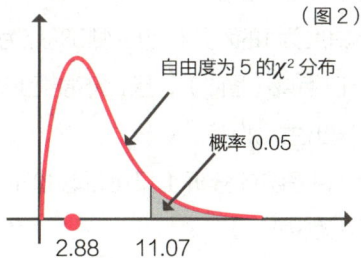

（图 2）

自由度为 5 的 χ^2 分布

概率 0.05

2.88   11.07

调查某市男女出生比是否失衡

2011年度的全国出生男女比为51.2：48.8。但是某市出生男女比为138：160。是否可以认为某市的出生男女比和全国不相同呢？

如果认为某市男女出生比和全国比不相等的话，原假设和备择假设如下。

原假设：某市出生比和全国出生比相等

备择假设：某市出生比和全国出生比不等

根据某市男婴和女婴的人数计算统计量。对样本中的每个数据，计算其观测频率与期望频率（表1）的差的平方并除以期望频率，相加得到x^2（①式）。并且x^2符合自由度为1的x^2分布（参照前文）。

根据某市出生男女的观测频率和全国出生比，可以求出某市男女的期望频率（表2）。再进一步求出x^2的值为2.86（②式）。

观测频率等于期望频率时，x^2值为0，相差越大则x^2值越大。因此此次检验适用上侧检验。

由于自由度为1的x^2分布的上侧5%点为3.84，而计算得出的x^2值2.86不属于拒绝域（图1），因此不能拒绝原假设。可以认为某市的出生比和全国出生比相等。

注：使用Excel等统计分析工具可以轻松求出x^2分布的$100p\%$点（参见附录A第5部分）

[检验中使用的统计量的分布]

（表 1）

$$\chi^2 = \frac{\left(f_1 - e_1\right)^2}{e_1} + \frac{\left(f_2 - e_2\right)^2}{e_2} \quad ①$$

	男	女	总
观测频率	f_1	f_2	n
期望频率	e_1	e_2	n

符合自由度为 2-1=1 的 χ^2 分布

[抽取样本]

（表 2）

	男	女	总
某市的观测频率	138	160	298
由全国平均计算出的期望频率	152.6	145.4	298

注：根据全国出生比 51.2：48.8，男女的期望频率分别如下。
　　男 298×0.512=152.6，女 298×0.488=145.4

$$\chi^2 = \frac{\left(138 - 152.6\right)^2}{152.6} + \frac{\left(160 - 145.4\right)^2}{145.4} = 2.86 \quad ②$$

[假设的拒绝与接受]

自由度为 1 的χ^2分布
的上侧 5% 点为 3.84，
χ^2 值为 2.86，因此不
属于拒绝域。

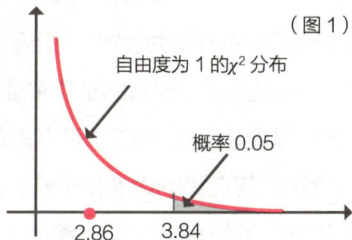

（图 1）

自由度为 1 的 χ^2 分布

概率 0.05

2.86 3.84

调查奶—茶和茶—奶是否可以靠味道分辨出不同

20世纪初，在剑桥的下午茶会上有一位女士说过这样的话"往红茶里掺牛奶和往牛奶里掺红茶的味道是不同的"。真的是这样吗?

有位女士说:"红茶和牛奶的混合顺序不同，味道也不一样"。有人可能会质疑:"怎么可能，混在一起了就是一样的"。这次我们随机准备了10杯饮料，一些是往红茶里掺牛奶的茶—奶，另一些是往牛奶里掺红茶的奶-茶。请这位女士来辨别。

第一次女士回答正确了。即使她只是随口说了一个答案，也有可能说中。这个时候碰巧回答正确的概率是0.5。接下来第二次也回答正确了。如果她是随口说的，那么连续2次回答正确的概率为2个0.5相乘，即0.25。之后第三次也回答正确了。随口说的都正确概率为3个0.5相乘，即0.125。如此这样重复，直到第8次她也回答正确了。随口说的都正确的概率为8个0.5相乘，即0.0039。这真的是一个极小的概率，要是她随口说真的是非常难做到。

由此可以看出，女士说"可以靠味道分辨出不同"似乎是正确的。连续8次回答正确的确非常困难，那我们把条件放宽，"10次中8次回答正确"的概率为0.05（参考下一页表①式）。这个时候，我们就可以断定女士不是靠猜测而是真的能够靠味道分辨出不同。

也就是说，奶-茶和茶-奶的味道真的是不同的。

［ 随口说的情况下连续 8 次回答正确的概率 ］

茶 茶 茶 茶 茶
奶 奶 奶 奶 奶

说中 说中 说中 说中 说中

假设每次回答的结果对下一次都没有影响，
碰巧连续 8 次都回答正确的概率为：

$$\frac{1}{2} \times \frac{1}{2} \times \frac{1}{2} \times \cdots \times \frac{1}{2} = \left(\frac{1}{2}\right)^8 = 0.0039$$

［ 随口说的情况下 10 次中 8 次回答正确的概率 ］

10 次中 r 次回答正确的概率

r	概率
0	0.000977
1	0.009766
2	0.043945
3	0.117188
4	0.205078
5	0.246094
6	0.205078
7	0.117188
8	0.043945
9	0.009766
10	0.000977

和为 0.05

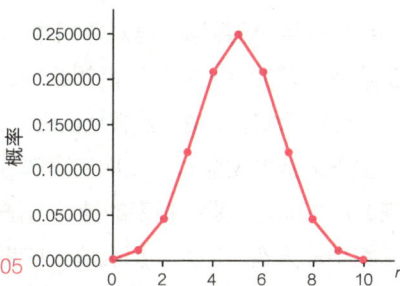

虽然比较复杂，10 次中 8 次回答正确的概率的计算方法如下：

$$C_{10}^8 \left(\frac{1}{2}\right)^8 \left(\frac{1}{2}\right)^2 = 45 \times \left(\frac{1}{2}\right)^{10} = 0.043945 \quad ①$$

上式中 C_{10}^8 是 10 次中 8 次回答正确的次数，为 45。

调查成人和儿童对西餐和日本料理的喜好是否不同

随机调查了300名成人和200名儿童对西餐和日本料理的喜好情况。根据数据可以检验出成人和儿童对西餐和日本料理的喜好是否不同。

如果认为成人和儿童对西餐和日本料理的喜好不同，原假设和备择假设如下。

原假设：成人和儿童的喜好相同

备择假设：成人和儿童的喜好不同

首先将数据按照"西餐还是日本料理""成人还是儿童"进行分类得到2×2=4组数据。再对每组中的每个数据，计算其观测频率与期望频率的差的平方并除以期望频率，相加得到x^2（下一页①式，只是一个计算示例）。并且x^2服从自由度为1的x^2分布。

接下来计算观测频率和期望频率。观测频率可以直接从调查数据（表1）中读出。期望频率的计算方法如下。比如，总人数一共500人，其中成人有300人，那么成人的期望频率就应该是500乘以300除以500，为300人。500人中有240人喜欢日本料理，因此喜欢日本料理的成人的期望频率就应该是300乘以240除以500，为144人。其他的期望频率同理可计算得出（表2）。

最后，计算出x^2为19.23（①式）。

由于自由度为1的x^2分布的上侧5%点为3.84，因此计算出的x^2值19.23属于拒绝域（图1）。因此拒绝原假设，可以认为成人和儿童对西餐和日本料理的喜好不同。

[抽取样本并计算统计量]

计算期望频率

$$500 \times \frac{300}{500} \times \frac{240}{500} = 144$$

$$500 \times \frac{300}{500} \times \frac{260}{500} = 156$$

$$500 \times \frac{200}{500} \times \frac{240}{500} = 96$$

$$500 \times \frac{200}{500} \times \frac{260}{500} = 104$$

西餐还是日本料理的观测频率（表 1 ）

	日本料理	西餐	合计
成人	168	132	300
儿童	72	128	200
合计	240	260	500

西餐还是日本料理的期望频率（表 2 ）

	日本料理	西餐	合计
成人	144	156	300
儿童	96	104	200
合计	240	260	500

$$\chi^2 = \frac{(168-144)^2}{144} + \frac{(132-156)^2}{156} + \frac{(72-96)^2}{96} + \frac{(128-104)^2}{104} = 19.23 \quad ①$$

[假设的拒绝与接受]

自由度为 1 的 χ^2 分布的上侧 5% 点为 3.84，χ^2 值为 19.23，因此属于拒绝域。

（图 1 ）

自由度为 1 的 χ^2 分布

概率 0.05

3.84   19.23

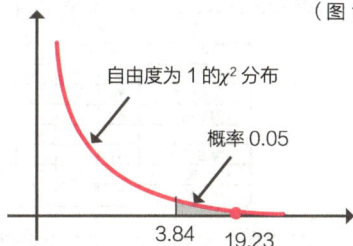

注： 自由度为 1 是因为，虽然有四个项目（表中没有阴影的部分），但是计算期望频率时使用了如下三个附加条件（约束）。
144+156+96+104＝500
成人的比例＝300/500
日本料理的比例＝240/500
因此自由度为 4－3＝1

专栏8

量化理论

量化理论将定性数据用排序或赋值的方式来表示，再进行分析。

下表使用"喜欢""讨厌"等定性数据来描述诸如体重等定量数据，这种方法称为量化分类。

下表是一个问卷调查的结果，调查的是饮食习惯、节假日休闲方式和体重之间关系。

问题项目	问题1		问题2			体重 / kg
选项	(a) 肉	(b) 鱼	(a) 休闲	(b) 购物	(c) 运动	
海野海豚	○				○	65
森泉		○	○			60
原田董	○				○	70
河原营		○		○		55
山川艇	○		○			80

使用x_1，x_2，y_1，y_2，y_3对每个项目（类别）打分，结果如下。

项目	问题1		问题2			样本得分	体重 / kg
类别	(a)	(b)	(a)	(b)	(c)		
类别权重	x_1	x_2	y_1	y_2	y_3		
海野海豚	x_1				y_3	x_1+y_3	65
森泉		x_2	y_1			x_2+y_1	60
原田董	x_1				y_3	x_1+y_3	70
河原营		x_2		y_2		x_2+y_2	55
山川艇	x_1		y_1			x_1+y_1	80

为了使x_1，x_2，y_1，y_2，y_3的和（样本得分）能够准确地评价样本，下表根据统计学的理论计算出了一些数值。

项目	问题1		问题2			样本得分	体重 / kg
类别	(a)	(b)	(a)	(b)	(c)		
类别权重	67.5	47.5	12.5	7.5	0		
海野海豚	67.5				0	67.5	65
森泉		47.5	12.5			60.0	60
原田董	67.5				0	67.5	70
河原营		47.5		7.5		55.0	55
山川艇	67.5		12.5			80.0	80
						$Q=$	12.5

可以得出结论"吃肉比吃鱼更容易胖"等。

8

【发展应用篇】

回归分析/方差分析/贝叶斯统计学的应用

（重要的统计解析的应用事例）

从住宅户数分析汽车保有量

下表是日本各都道府县的住房保有量和汽车保有量的数据。本节将根据此表分析它们之间的关系。

首先，假设汽车数量为因变量 y，住房数量为自变量 x，绘制相关图如图1所示。从图上可以看出，住房保有量越高，汽车保有量也越高。

再根据一元回归分析的原理，绘制出回归直线，回归方程为：$y=2.13x+35.30$。

从回归方程可以看出，住房每增加1户，则汽车增加2辆（图2）。这个结论可以用于指导销售策略制定。最后计算出回归系数如下。可以看出此次回归分析的精度较高。

决定系数（贡献率）=0.944

自由度调整后的决定系数=0.943

都道府县	住房保有量（千户）	汽车保有量（千辆）	都道府县	住房保有量（千户）	汽车保有量（千辆）	都道府县	住房保有量（千户）	汽车保有量（千辆）
滋 贺	331	771	佐 贺	210	487	群 马	549	1337
京 都	612	994	长 崎	363	681	埼 玉	1500	3114
大 阪	1469	2735	熊 本	441	995	千 叶	1274	2725
兵 库	1092	2276	大 分	299	676	东 京	1687	3137
奈 良	339	645	宫 崎	315	657	神奈川	1495	3037
和歌山	287	530	鹿儿岛	507	926	新 潟	616	1362
鸟 取	153	337	冲 绳	224	774	富 山	291	694
岛 根	190	399	北海道	1249	2760	石 川	298	696
冈 山	510	1124	青 森	378	720	福 井	209	496
广 岛	663	1419	岩 手	358	724	山 梨	232	594
山 口	404	809	宫 城	515	1247	长 野	575	1344
德 岛	210	447	秋 田	313	591	岐 阜	537	1275
香 川	263	573	山 形	299	683	静 冈	898	2158
爱 媛	404	725	福 岛	513	1189	爱 知	1412	4017
高 知	224	388	茨 城	760	1907	三 重	508	1126
福 冈	963	2499	栃 木	516	1291			

[从一元回归分析的视角来看汽车保有量和住房保有量]

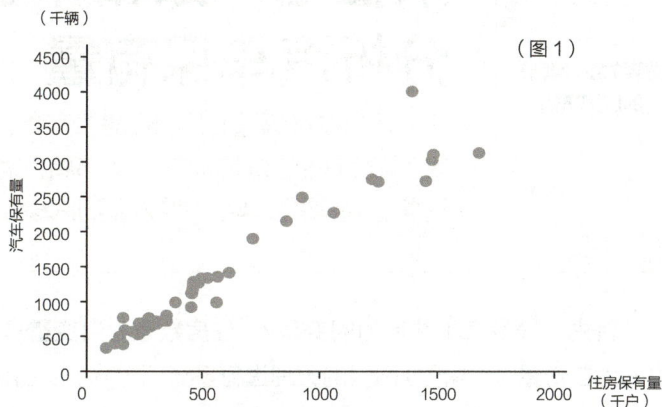

（图1）

住房每增加1户汽车就会增加2辆。但是请注意爱知和东京这两个异常值！

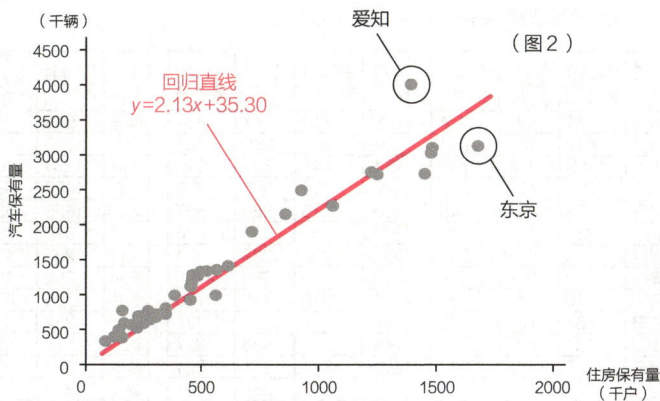

（图2）

爱知

东京

回归直线
$y=2.13x+35.30$

从住宅户数和年收入
分析汽车保有量

下表是日本各都道府县的住房保有量、年平均收入和汽车保有量的数据。本节将根据此表通过住房保有量和年平均收入预测汽车保有量。

首先，假设汽车数量为因变量y，住房数量为自变量x，年平均收入为自变量u。再根据P84的原理进行<u>多元回归分析</u>，得出<u>回归方程</u>：$y=2.14x-0.13u+84.80$。

由于住房数量x的系数相对较大，为2.14。因此和上一节相同，住房保有量越高汽车保有量也越高。但是随着年平均收入u的增加，汽车保有量呈现出减少的趋势。这大概是因为在年平均收入较高的都道府县，人口密度也相对较高，这对汽车保有量的增长有限制作用。最后计算出回归系数如下。

决定系数（贡献率）=0.944

自由度调整后的决定系数=0.941

都道府县	住房保有量/千户	年平均收入/万日元	汽车保有量/千辆	都道府县	住房保有量/千户	年平均收入/万日元	汽车保有量/千辆	都道府县	住房保有量/千户	年平均收入/万日元	汽车保有量/千辆
滋贺	331	484	771	佐贺	210	367	487	群马	549	446	1337
京都	612	487	994	长崎	363	388	681	埼玉	1500	462	3114
大阪	1469	483	2735	熊本	441	397	995	千叶	1274	464	2725
兵库	1092	477	2276	大分	299	375	676	东京	1687	582	3137
奈良	339	444	645	宫崎	315	363	657	神奈川	1495	532	3037
和歌山	287	439	530	鹿儿岛	507	395	926	新潟	616	398	1362
鸟取	153	377	337	冲绳	224	339	774	富山	291	430	694
岛根	190	374	399	北海道	1249	386	2760	石川	298	418	696
冈山	510	441	1124	青森	378	345	720	福井	209	422	496
广岛	663	450	1419	岩手	358	352	724	山梨	232	430	594
山口	404	421	809	宫城	515	420	1247	长野	575	430	1344
德岛	210	408	447	秋田	313	351	591	岐阜	537	432	1275
香川	263	417	573	山形	299	364	683	静冈	898	458	2158
爱媛	404	396	725	福岛	513	393	1189	爱知	1412	518	4017
高知	224	380	388	茨城	760	483	1907	三重	508	470	1126
福冈	963	430	2499	栃木	516	457	1291				

[**从多元回归分析的视角来看汽车保有量，住房保有量和年平均收入**]

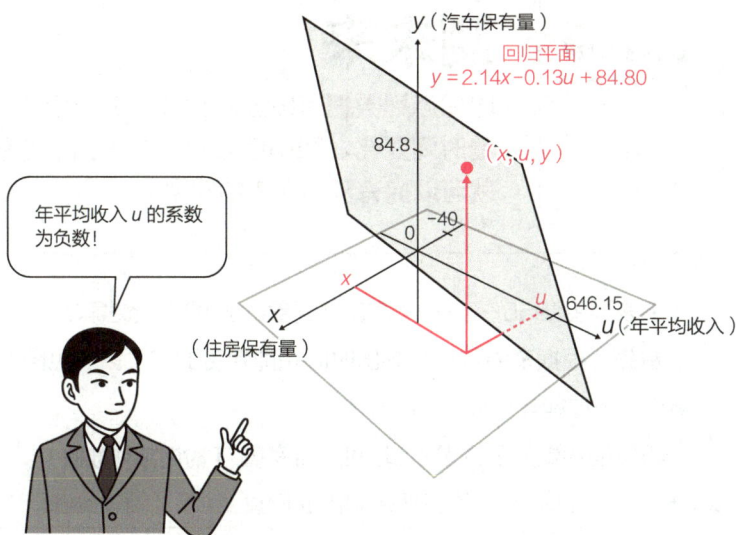

< 回归分析和数据标准化 >

在进行回归分析时，如果数据的单位或尺度发生变化，回归方程中变量前的系数（回归系数）也会发生很大的变化。这意味着对于单位或尺度较大的变量，其回归系数也会大于其他变量的系数。因此不能仅根据回归系数判断变量的影响程度。为了避免这种风险，最好在进行回归分析之前对数据进行标准化。这样使每个变量的影响占比均衡。将上例中的数据进行标准化之后得到如下回归方程。

$$y = 0.98x - 0.007u + 0$$

此时，年平均收入的系数为 0.007，相比本节的分析结果更接近于 0。另外，通过数据标准化处理后得到的回归方程的回归系数称为"标准回归系数"。

根据时间序列数据预测未来

时间序列数据可以显示出变量的取值如何随着时间变化。利用回归分析求出回归方程，就可以拥有预测未来的能力。

下表列出1965～2010年家庭能耗量的时间序列数据。

首先，根据表中数据绘制出时间和能耗量的相关图，见图1。可以看出，家庭能耗呈现上升的趋势。

再设能耗量为因变量 y，时间为自变量 x。根据一元回归分析的原理绘制出回归直线：$y=6.87x-13473$（图2）。

根据此回归方程，就可以预测出未来某个时间点（年度）的能耗。最后计算出回归系数如下。可以看出此次回归分析的精度较高。

决定系数（贡献率）=0.903

自由度调整后的决定系数=0.891

【时间序列数据】

家庭能耗量

年度	能耗量 （千卡／家庭）
1965	22
1970	56
1975	85
1980	62
1985	167
1990	231
1995	271
2000	293
2005	267
2010	295

[根据表格绘制相关图]

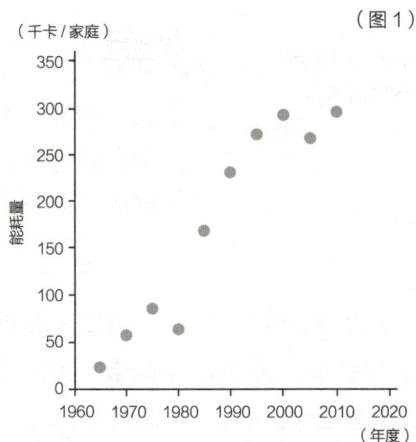

（图 1）

明显具有正相关性。

[绘制回归直线 $y = 6.87x - 13473$]

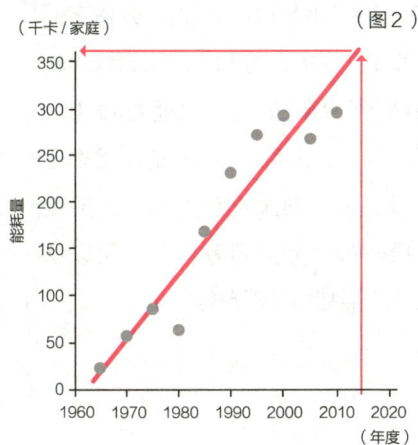

（图 2）

使用回归直线就可以预测未来。

展示新产品策略的效果

为了说明相比旧版的产品战略A和B，新产品战略C更有效，太郎根据相关数据进行了方差分析，本节将详细介绍其论述过程。

从下图的平均值来看，太郎推崇的产品战略C的均值为57万日元，似乎优于旧版的产品战略，其中A为48万日元，B为54万日元。太郎将要论证这不是一个偶然的结果。

如果组间的无偏方差s_1^2大于组内的无偏方差s_2^2，就不能忽视组间差异（方差分析的思想）。首先，将原假设设定为"效果没有差异"，并且s_1^2和s_2^2的比值F符合F分布。再分别计算出s_1^2和s_2^2，并将它们的比值设为F，可知$F=15.75$。该F值属于F分布的上侧5%拒绝域（大于3.47）。最后，以5%的风险率拒绝原假设"效果没有差异"，接受备择假设"效果有差异"。可以认为"产品战略C更有效"。

【3 个组的数据】

	产品战略 A	产品战略 B	产品战略 C
a地区	49万日元	49万日元	58万日元
b地区	47万日元	56万日元	52万日元
c地区	49万日元	57万日元	61万日元
d地区	46万日元	53万日元	54万日元
e地区	46万日元	59万日元	60万日元
f地区	47万日元	48万日元	54万日元
h地区	48万日元	57万日元	61万日元
g地区	52万日元	53万日元	56万日元
组平均	**48万日元**	**54万日元**	**57万日元**

[求出组内和组间的无偏方差]

（万日元）

	产品战略 A	产品战略 B	产品战略 C	总体均值
a 地区	49	49	58	53
b 地区	47	56	52	
c 地区	49	57	61	
d 地区	46	53	54	
e 地区	46	59	60	
f 地区	47	48	54	
g 地区	48	57	61	
h 地区	52	53	56	

	产品战略 A	产品战略 B	产品战略 C
组平均	48	54	57

求出组间的
无偏方差
（参见基本篇第 4 章）

求出组内的
无偏方差
（参见基本篇第 4 章）

- 组间波动 $Q_1 = 336$
- 偏差的自由度 $f_1 = 2$
- 无偏方差 $= s_1^2 = 336/2$

$= 168$

- 组内波动 $Q_2 = 224$
- 偏差的自由度 $f_2 = 21$
- 无偏方差 $= s_2^2 = 224/21$

$= 10.67$

[求出 $F = \dfrac{s_1^2}{s_2^2}$ 并判断其值是否属于上侧 5% 的拒绝域]

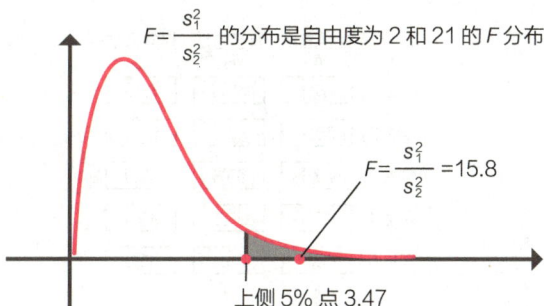

$F = \dfrac{s_1^2}{s_2^2}$ 的分布是自由度为 2 和 21 的 F 分布

$F = \dfrac{s_1^2}{s_2^2} = 15.8$

上侧 5% 点 3.47

新教学方法是否有效

为了说明新教学方法C比传统的教学方法A和B更有效，随机抽取三组学生，应用不同教学方法开展教学后进行测试。本节将使用学生的测试成绩来验证哪种方法更有效。

　　从下图的平均值来看，相比方法A和B，似乎太郎创建的教学方法C的表现更好。但这也可能只是一个偶然的结果。本节将基于方差分析的结果进行说明。原理与上一节相同。

　　如果组间的无偏方差s_1^2大于组内的无偏方差s_2^2，就不能忽视组间差异（方差分析的思想）。首先，将原假设设定为"效果没有差异"，备择假设为"效果有差异"。并且s_1^2和s_2^2的比值F符合F分布。再分别计算出s_1^2和s_2^2，并将它们的比值设为F，可知$F=1.24$。该F值属于F分布的上侧5%拒绝域（大于3.89）。因此，接受原假设"效果没有差异"。不能证明教学方法C更有效。

[3 个组的数据]

	教学方法 A	教学方法 B	教学方法 C
学生 1	78分	69分	75分
学生 2	60分	82分	80分
学生 3	75分	63分	50分
学生 4	55分	50分	90分
学生 5	65分	55分	85分
	↓	↓	↓
组平均	66.6分	63.8分	76分

[求出组内和组间的无偏方差]

	教学方法 A	教学方法 B	教学方法 C		总体均值
学生 1	78	69	75		68.8
学生 2	60	82	80		
学生 3	75	63	50		
学生 4	55	50	90		
学生 5	65	55	85		

组平均	66.6	63.8	76

求出组间的
无偏方差
（参见基本篇第 4 章）

求出组内的
无偏方差
（参见基本篇第 4 章）

- 组间波动 Q_1=408.4
- 偏差的自由度 f_1 = 3-1=2
- 无偏方差 s_1^2 =408.4/2
  =204.2

- 组内波动 Q_2=1978
- 偏差的自由度 f_2 = (5-1)×3=12
- 无偏方差 s_2^2 =1978/12
  =164.8

[求出 $F=\dfrac{s_1^2}{s_2^2}$ 并判断其值是否属于上侧 5% 的拒绝域]

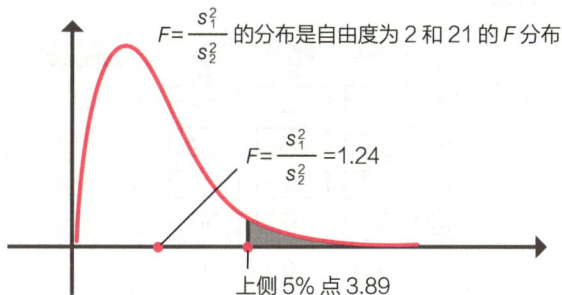

$F=\dfrac{s_1^2}{s_2^2}$ 的分布是自由度为 2 和 21 的 F 分布

$F=\dfrac{s_1^2}{s_2^2}$ =1.24

上侧 5% 点 3.89

营养和睡眠对美容是否有效（无反复）

本节将分析三种营养品（A，B，C）和4种睡眠时间（5,6,7,8小时）对皮肤的影响。

调查对象为12名女性。她们分别长期使用三种营养品中的一种，并各自遵循一种睡眠时间。调查她们经过一段时间之后皮肤的变化情况，汇总得到如下表的数据。得分越多表示皮肤变得越好。从下图的每组的平均值来看，营养品B似乎对皮肤保养效果最好，并且睡眠对皮肤保养的效果超出了预期。

本节将使用"无反复的双因素的方差分析"进行检验。检验的结果为，以5%的风险率拒绝原假设"睡眠对皮肤保养无效"。另外，不能拒绝原假设"营养品的效果没有差别"。

注：关于如何计算各自的无偏方差参见本节"补充"。

[3 个组的数据]

	营养品 A	营养品 B	营养品 C	组平均（睡眠时间）
5小时	-2	-3	-3	➡ -2.67
6小时	-2	-1	-3	➡ -2.00
7小时	0	2	1	➡ 1.00
8小时	4	5	3	➡ 4.00
组平均（营养品）	0.00	0.75	-0.50	

[求出组内和组间的无偏方差并进行检验]

		营养品			睡眠时间的组平均	总体均值
		A	B	C		
睡眠时间	5 小时	−2.00	−3.00	−3.00	−2.67	0.08
	6 小时	−2.00	−1.00	−3.00	−2.00	
	7 小时	0.00	2.00	1.00	1.00	
	8 小时	4.00	5.00	3.00	4.00	
	营养品的组平均	0.00	0.75	−0.50		

根据睡眠时间的组间波动 84.25 求出无偏方差 $s_{12}^2 = 84.25/3 = 28.08$

根据营养品的组间波动 3.17 求出无偏方差 $s_{11}^2 = 3.17/2 = 1.58$

根据组内波动 3.5 求出无偏方差 $s_2^2 = 3.5/6 = 0.58$

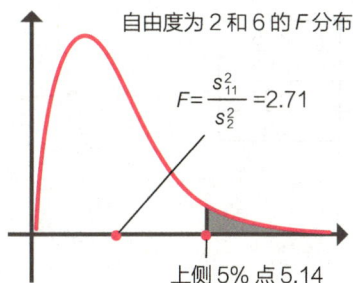

自由度为 2 和 6 的 F 分布

$F = \dfrac{s_{11}^2}{s_2^2} = 2.71$

上侧 5% 点 5.14

无法拒绝假设"营养品的效果没有差别",即"接受"。

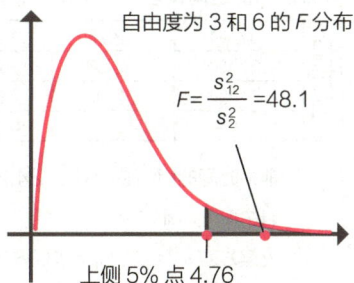

自由度为 3 和 6 的 F 分布

$F = \dfrac{s_{12}^2}{s_2^2} = 48.1$

上侧 5% 点 4.76

拒绝假设"睡眠对皮肤保养无效"。

补充

求解无偏方差时使用到的偏差和波动等过程数据

本节根据表格中的数据求出了营养和睡眠的无偏方差，并进行了方差分析。由于我们使用Excel等统计分析工具直接计算出了结果，可能会忽视过程数据中蕴含的信息。因此在此列出过程数据，请大家特别留意组内偏差的求解思想。

原始数据及平均值

		营养品			睡眠时间的组平均	总体均值
		A	B	C		
睡眠时间	5小时	−2.00	−3.00	−3.00	−2.67	0.08
	6小时	−2.00	−1.00	−3.00	−2.00	
	7小时	0.00	2.00	1.00	1.00	
	8小时	4.00	5.00	3.00	4.00	
	营养品的组平均	0.00	0.75	−0.50		

波动 $Q = 90.92$

睡眠时间的组间偏差 = 组平均 − 总体均值

睡眠时间	5小时	−2.75	−2.75	−2.75
	6小时	−2.08	−2.08	−2.08
	7小时	0.92	0.92	0.92
	8小时	3.92	3.92	3.92

睡眠时间的组间波动 $Q_{12} = 84.25$

自由度 $f_{12} = 4 - 1 = 3$

无偏方差 $s_{12}^2 = Q_{12}/f_{12} = 28.08$

营养品的组间偏差

＝组平均－总体均值

营养品		
A	B	C
−0.08	0.67	−0.58
−0.08	0.67	−0.58
−0.08	0.67	−0.58
−0.08	0.67	−0.58

营养品的组间波动 $Q_{11} = 3.17$

自由度 $f_{11} = 3 - 1 = 2$

无偏方差 $s_{11}^2 = Q_{11} / f_{11} = 1.58$

组内偏差（统计误差）

＝原始数据－总体均值－营养品的组间偏差－睡眠时间的组间偏差

		营养品		
		A	B	C
睡眠时间	5 小时	0.75	−1.00	0.25
	6 小时	0.08	0.33	−0.42
	7 小时	−0.92	0.33	0.58
	8 小时	0.08	0.33	−0.42

组内偏差的波动 $Q_2 = 3.5$

自由度 $f_2 = (4-1) \times (3-1) = 6$

无偏方差 $s_2^2 = Q_2 / f_2 = 0.58$

注：根据 $Q_2 = Q - Q_{11} - Q_{12}$ 也可以计算出 Q_2。

营养和睡眠对美容是否有效（有反复）

在上一节中，营养品和睡眠时间设定相同的小组中只有一个数据（无反复）。本节将分析如右下表这样设定相同的小组中有两个或多个数据的情况。

这样的情况又被称为有反复的双因素的方差分析。在上一节中，当方差分析的原假设为"营养品的效果没有差别"时，由营养品的波动求出的无偏方差和由组内波动（统计误差）求出的无偏方差的比值不属于风险率为5%的拒绝域，因此不能拒绝原假设"营养品的效果没有差别"（图1）。同理，也不能拒绝原假设"营养品和睡眠没有相互作用"（图3）。另外，在检验原假设"睡眠时间的效果没有差异"时，*F*值属于风险率为5%的拒绝域，因此拒绝原假设（图2）。也就是说以5%的风险率接受备择假设"睡眠时间的效果有差异"。

注：参照上一节补充内容可以了解每个无偏方差的计算方法。

[3 个组的数据]

	营养品 A	营养品 B	营养品 C	组平均（睡眠时间）
5小时	-2 / -1 / -2	-1 / -2 / -3	-3 / -4 / -3	→ -2.33
6小时	-1 / -1 / -2	-1 / -2 / -1	-2 / -1 / -4	→ -1.67
7小时	0 / 1 / 0	1 / 2 / 1	2 / 1 / 0	→ 0.89
8小时	2 / 3 / 2	3 / 5 / 4	3 / 4 / 3	→ 3.22
组平均（营养品）	-0.08	0.50	-0.33	

多个数据

求出组内和组间的无偏方差

		营养品			睡眠时间的组平均	总体均值
		A	B	C		
睡眠时间	5小时	−2 −1 −2	−1 −2 −3	−3 −4 −3	−2.33	0.03
	6小时	−1 −1 −2	−1 −2 −1	−2 −1 −4	−1.67	
	7小时	0 1 0	1 2 1	2 1 0	0.89	
	8小时	2 3 2	3 5 4	3 4 3	3.22	
营养品的组平均		−0.08	0.50	−0.33		

- 营养品的组间无偏方差 $s_{11}^2 = 2.19$
- 睡眠时间的组间无偏方差 $s_{12}^2 = 58.18$
- 相互作用的无偏方差 $s_{13}^2 = 1.34$
- 组内波动的无偏方差 $s_2^2 = 0.67$

[营养品的效果] （图1）

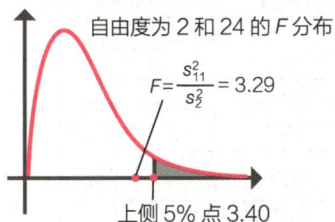

自由度为 2 和 24 的 F 分布

$$F = \frac{s_{11}^2}{s_2^2} = 3.29$$

上侧 5% 点 3.40

[睡眠时间的效果] （图2）

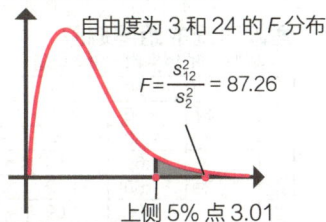

自由度为 3 和 24 的 F 分布

$$F = \frac{s_{12}^2}{s_2^2} = 87.26$$

上侧 5% 点 3.01

[营养品和睡眠的相互作用] （图3）

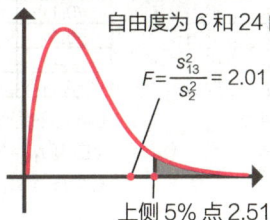

自由度为 6 和 24 的 F 分布

$$F = \frac{s_{13}^2}{s_2^2} = 2.01$$

上侧 5% 点 2.51

补充

求解无偏方差时使用到的偏差和波动等过程数据

本节根据表格中的数据求出了营养和睡眠的无偏方差，并进行了方差分析。由于我们使用Excel等统计分析工具直接计算出了结果，可能会忽视过程数据中蕴含的信息。因此在此列出过程数据。

原始数据及平均值

		营养品			睡眠时间的组平均	总体均值
		A	B	C		
睡眠时间	5小时	−2 −1 −2	−1 −2 −3	−3 −4 −3	−2.33	0.03
	6小时	−1 −1 −2	−1 −2 −1	−2 −1 −4	−1.67	
	7小时	0 1 0	1 2 1	2 1 0	0.89	
	8小时	2 3 2	3 5 4	3 4 3	3.22	
营养品的组平均		−0.08	0.50	−0.33		

睡眠时间的组间偏差
=睡眠时间的组平均 − 总体均值

睡眠时间	5小时	−2.36 −2.36 −2.36	−2.36 −2.36 −2.36	−2.36 −2.36 −2.36
	6小时	−1.69 −1.69 −1.69	−1.69 −1.69 −1.69	−1.69 −1.69 −1.69
	7小时	0.86 0.86 0.86	0.86 0.86 0.86	0.86 0.86 0.86
	8小时	3.19 3.19 3.19	3.19 3.19 3.19	3.19 3.19 3.19

睡眠时间的组间波动 Q_{12}= 174.53
自由度 f_{12} = 4−1 = 3
无偏方差 $s_{12}^2 = Q_{12}/f_{12}$ = 58.18

营养品的组间偏差
=营养品的组平均 − 总体均值

营养品		
A	B	C
−0.11	0.47	−0.36
−0.11	0.47	−0.36
−0.11	0.47	−0.36
−0.11	0.47	−0.36
−0.11	0.47	−0.36
−0.11	0.47	−0.36
−0.11	0.47	−0.36
−0.11	0.47	−0.36
−0.11	0.47	−0.36
−0.11	0.47	−0.36
−0.11	0.47	−0.36
−0.11	0.47	−0.36

营养品的组间波动 Q_{11}= 4.39
自由度 f_{11} = 3−1 = 2
无偏方差 $s_{11}^2 = Q_{11}/f_{11}$ = 2.19

组平均

		营养品		
		A	B	C
睡眠时间	5 小时	−1.67	−2.00	−3.33
	6 小时	−1.33	−1.33	−2.33
	7 小时	0.33	1.33	1.00
	8 小时	2.33	4.00	3.33

组内偏差

= 原始数据 − 组平均

		营养品		
		A	B	C
睡眠时间	5 小时	−0.33	1.00	0.33
		0.67	0.00	−0.67
		−0.33	−1.00	0.33
	6 小时	0.33	0.33	0.33
		0.33	−0.67	1.33
		−0.67	0.33	−1.67
	7 小时	−0.33	−0.33	1.00
		0.67	0.67	0.00
		−0.33	−0.33	−1.00
	8 小时	−0.33	−1.00	−0.33
		0.67	1.00	0.67
		−0.33	0.00	−0.33

组内偏差的波动 $Q_2 = 16$

自由度 $f_2 = 4 \times 3 \times (3-1) = 24$

无偏方差 $s_2^2 = Q_2/f_2 = 0.67$

注: 在这种情况下, 组内偏差中似乎有许多相似的值, 因此自由度看上去也不是 24。这是因为数据中存在许多相近的值。从理论上来说, 数据有 24 种取值的可能。

相互作用的组间偏差

= 原始数据 − 总体均值 − 睡眠时间的组间偏差
− 营养品的组间偏差 − 组内偏差

		营养品		
		A	B	C
睡眠时间	5 小时	0.78	−0.14	−0.64
		0.78	−0.14	−0.64
		0.78	−0.14	−0.64
	6 小时	0.44	−0.14	−0.31
		0.44	−0.14	−0.31
		0.44	−0.14	−0.31
	7 小时	−0.44	−0.03	0.47
		−0.44	−0.03	0.47
		−0.44	−0.03	0.47
	8 小时	−0.78	0.31	0.47
		−0.78	0.31	0.47
		−0.78	0.31	0.47

相互作用的组间波动 $Q_{13} = 8.06$

自由度 $f_{13} = (4-1) \times (3-1) = 6$

无偏方差 $s_{13}^2 = Q_{13}/f_{13} = 1.34$

重要的统计解析
的应用事例

猜一下口袋里白球的个数

从一个装有四个球的口袋中随机取出一个球正好是白球。如何根据这个结果求口袋中有三个白球的概率呢？假设口袋中只有白色和黑色的球。

该口袋中球的颜色可能有以下四种组合。

W_1：白色1，黑色3，W_2：白色2，黑色2

W_3：白色3，黑色1，W_4：白色4，黑色0

假设这四种组合存在的概率是相等的(称为"不充分理由效应")，也就是说，

$$P(W_1)=P(W_2)=P(W_3)=P(W_4)=1/4$$

首先计算从装有三个白球（W_3组合）的口袋中取出白球的概率 $P(W|W_3)$。其中 W 代表从口袋中取出白球这一事件。由于口袋中总共装有4个球，其中3个是白球，因此 $P(W|W_3)=3/4$。

再求从口袋中取出白球的概率 $P(W)$。假设 $P(W)$ 为 k，根据贝叶斯定理可以求出以下概率。

$$P(W_3|W)=3/16k \quad ①$$

同理可求出以下概率。

$$P(W_1|W)=1/16k \quad ②$$

$$P(W_2|W)=2/16k \quad ③$$

$$P(W_4|W)=4/16k \quad ④$$

当取出的1个球正好是白色时，它一定来自于 W_1，W_2，W_3 和 W_4 中任意一种组合。因此①+②+③+④=1。解得 $k=10/16$。因此，$P(W_3|W)=3/16k=3/10$。

最后，得出结论，口袋中有三个白球的概率为3/10。

使用贝叶斯定理求解

$$P(W_3|W) = \frac{P(W|W_3)}{P(W)} P(W_3) = \frac{\frac{3}{4}}{k} \times \frac{1}{4} = \frac{3}{16k} \quad ①$$

其中，$k = P(W)$

＜使用维恩图分析口袋问题＞

（1）取出白球前，可以认为口袋中各种情况的概率（称为先验概率）相同。

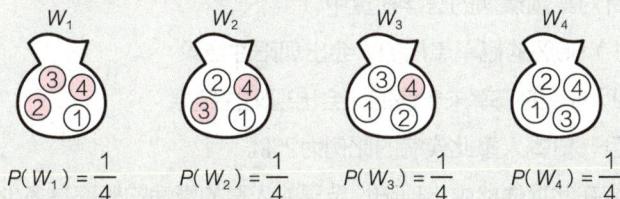

$P(W_1) = \frac{1}{4}$ $P(W_2) = \frac{1}{4}$ $P(W_3) = \frac{1}{4}$ $P(W_4) = \frac{1}{4}$

（2）在（1）的基础上，从口袋中取出 1 个球的所有可能性如下（16 种情况）。

（W_1 的①）	（W_2 的①）	（W_3 的①）	（W_4 的①）
（W_1 的 2 ）	（W_1 的②）	（W_3 的②）	（W_4 的②）
（W_1 的 3 ）	（W_1 的 3 ）	（W_3 的③）	（W_4 的③）
（W_1 的 4 ）	（W_1 的 4 ）	（W_3 的 4 ）	（W_4 的④）

（3）在（2）的基础上，取出 1 个白球之后可以进一步缩小范围（10 种情况）。

（W_1 的①）	（W_2 的①）	（W_3 的①）	（W_4 的①）
（W_1 的 2 ）	（W_2 的②）	（W_3 的②）	（W_4 的②）
（W_1 的 3 ）	（W_2 的 3 ）	（W_3 的③）	（W_4 的③）
（W_1 的 4 ）	（W_2 的 4 ）	（W_3 的 4 ）	（W_4 的④）

（4）取出 1 个白球后口袋中各种情况的概率（称为后验概率）。

$P(W_1|W) = \frac{1}{10}$ $P(W_2|W) = \frac{2}{10}$ $P(W_3|W) = \frac{3}{10}$ $P(W_4|W) = \frac{4}{10}$

注：维恩图是使用集合表示的图。

求解体检出现阳性结果时真的患病的概率

人们往往会对体检报告中出现的阳性结果感到异常痛苦。本节将计算体检报告中出现阳性结果的人真的患病的概率。

在针对某项疾病的医学检查中，

（1）95%的概率患病的人会出现阳性结果

（2）6%的概率未患病的人会出现阳性结果

并且，日本人患此疾病的比例为2%。

那么在此项体检中出现阳性结果的人真的患病的概率是多少呢？

假设A事件为参加此项体检并且真的患病，并且假设D事件为出现阳性结果。那么只需要求出现阳性结果并真的患病的概率$P(A|D)$即可。根据贝叶斯定理使用以下的公式便可计算求出。

$$P(A|D)=P(D|A) \times P(A)/P(D) \quad ①$$

根据给出的条件，

$$P(A)=0.02，P(D|A)=0.95$$

因此，$P(A|D)=0.95 \times 0.02/P(D) \quad ②$

同样的，

$$P(非A|D)=0.98 \times 0.06/P(D) \quad ③$$

由②式和③式的概率为后验概率并且其和为1，

$$0.95 \times 0.02/P(D)+0.98 \times 0.06/P(D)=1$$

由该式可求得$P(D)$为0.778，将其代入②式可得$P(A|D)=0.224$。

这就是体检报告中出现阳性结果的人真的患病的概率。

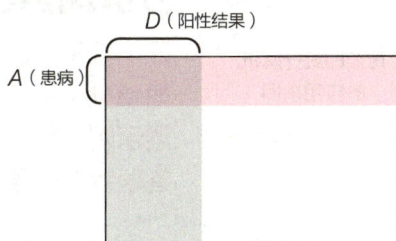

[假设参加体检的人有100人并绘制维恩图]

$$P(A|D) = \frac{P(D|A)}{P(D)} \, P(A) \quad ①$$

[假设参加体检的人有100人并绘制维恩图]

100人中出现阳性结果的人有
1.9 + 5.88 = 7.78 人。
因此，出现阳性结果并真的患病的
概率为 1.9/7.78，等于 0.244 吗？

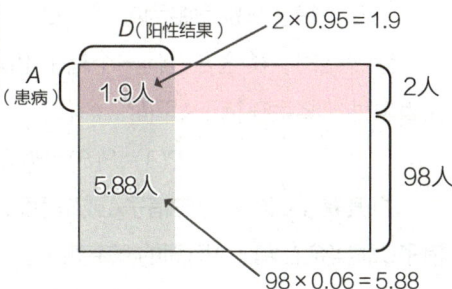

$2 \times 0.95 = 1.9$

$98 \times 0.06 = 5.88$

＜使用加法定理求解贝叶斯定理中的分母＞

贝叶斯定理的分母，即等式①中的 $P(D)$ 是不能立即从条件中获得的。但是，将分母进行拆分后便可以轻松求解。比如在本例中，分母的事件 D 指的是出现阳性结果。因此它可以拆分成两种情况。即"出现阳性结果并真的患病"和"出现阳性结果但并未患病"。由于这两种情况不会同时发生，因此根据加法定理可得：

$$P(D) = P(A \text{ 且 } D) + P(\text{非} A \text{ 且 } D) \qquad \text{加法定理}$$

$$= P(A)P(D|A) + P(\text{非} A)P(D|\text{非} A) \qquad \text{乘法定理}$$

$$= 0.02 \times 0.95 + 0.98 \times 0.06 = 0.0778$$

挑战蒙提霍尔问题

三个箱子里面只有一个有奖金。答题者从里面随机挑选出一个箱子之后，出题者会向他展示剩下两个中没有奖金的那个箱子。那么答题者应该更换箱子吗？

当被问到这样的问题时，许多人会回答"无论是否更换箱子都一样"。真的是这样吗？

将三个箱子分别命名为A、B、C。

刚开始时，奖金在任何一个箱子里面的概率都相同为1/3。并且A代表事件"奖金在箱子A里面"。

$$P(A)=P(B)=P(C)=1/3$$

打开箱子C时奖金在箱子A或B里面。于是，根据贝叶斯定理打开箱子C时奖金在箱子A里面的概率如下。

$$P(A|打开C)=1/6P(打开C) \quad ①$$

同理可得，打开箱子C时奖金在箱子B里面的概率如下。

$$P(B|打开C)=P(打开C|B)P(B)/P(打开C)=(1/1)×(1/3)/P(打开C)$$
$$=2/6P(打开C) \quad ②$$

注：因为$P(打开C|B)$意味着只能在B发生时打开C，因此为1/1=1

根据①式和②式可知，打开箱子C时奖金在箱子B里面的概率是奖金在箱子A里面的概率的两倍。因此，答题者应该将箱子从A更换到B。

[根据贝叶斯定理]

$$P(A|\text{打开}C) = \frac{P(\text{打开}C|A)}{P(\text{打开}C)}P(A)$$

$$= \frac{1/2}{P(\text{打开}C)} \times \frac{1}{3} = \frac{1}{6 \times P(\text{打开}C)} \quad ①$$

注：$P(\text{打开}C|A)$ 指的是在 A 发生时打开 B 或 C 概率相等，因此打开 C 的概率为 $\frac{1}{2}$。

[直观地进行判断]

（1）奖金在每个箱子里面的概率都为 $\frac{1}{3}$。

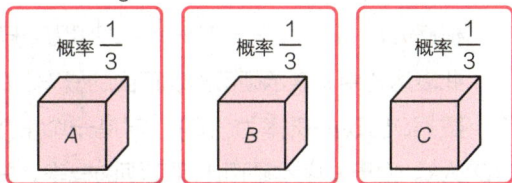

（2）因此，奖金在 B 或 C 箱里的概率为 $\frac{2}{3}$。

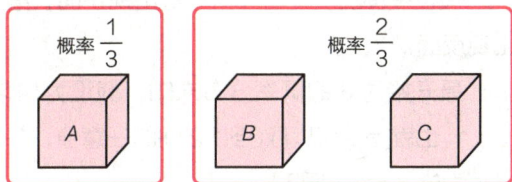

（3）奖金在 B 箱里的概率为 $\frac{2}{3}$，是在 A 箱里的概率的 2 倍。

这样的话，奖金在 B 箱里的概率就是在 A 箱里的概率的 2 倍！

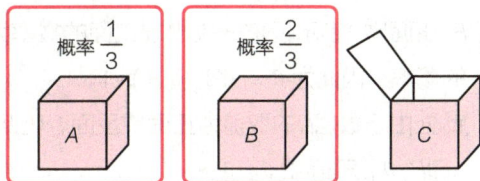

硬币出现正面的实际概率是多少

计算硬币出现正面的实际概率不能仅凭印象。本节将使用重视经验的贝叶斯统计学来计算硬币出现正面的概率。

根据贝叶斯定理推导出下一页①式可以用于解释硬币的概率现象。

此表达式中 θ 表示硬币出现正面的概率，D 表示数据。

数据 D 出现的概率为 $P(D)$，它是一个常数。为方便书写，设 $1/P(D)$ 为 k。由于 θ 表示硬币出现正面的概率，并且 $P(\theta)$ 表示 θ 的概率分布，则 $P(\theta|D)$ 表示在获得试验数据后 θ 的概率分布（图1）。

假设投掷三次硬币，第一次出现正面，第二次出现正面，第三次出现反面。

最开始时 θ 的概率分布未知，假设为均匀分布（不充分理由效应），也就是 θ 可以取0到1之间的任意值，并且取值概率都相等。可以写为 $P(\theta)=1$（图2）。

第一次投掷硬币后，θ 的概率分布为 $P(\theta|正面)$，可以写为①式。

$$P(\theta|正面)=k\times P(正面|\theta)\times P(\theta)=k\times\theta\times 1=k\theta \quad ②$$

注：$P(正面|\theta)$ 表示投掷一枚出现正面的概率为 θ 的硬币时出现正面的概率，因此为 θ。此时 $P(\theta)=1$。

此处由于数据 D 的取值为正面或反面，因此 $P(D)=1/2$，可得 k 的值为2。即 $P(\theta|正面)=2 \quad ③$

这是在第一次投掷硬币出现正面的情况下，硬币出现正面的概率 θ 的后验分布（图3）。

注：这又称为"贝叶斯更新"。

[根据贝叶斯定理]

$$P(\theta|D) = \frac{P(D|\theta)}{P(D)}P(\theta) = kP(D|\theta)P(\theta) \quad ① \quad \text{其中} k = \frac{1}{P(D)}$$

这里的 θ 表示硬币出现正面的概率,D 表示数据。

$P(\theta)$……先验概率(获得试验数据前的概率分布)。

$P(\theta|D)$……后验概率(获得试验数据后 θ 的概率分布)。

$P(D|\theta)$……似然度(出现正面的概率为 θ 时 D 发生的概率)。

[贝叶斯更新]

(图 1)

$P(\theta|D)$ 贝叶斯更新 $P(\theta)$

后验概率分布 先验概率分布

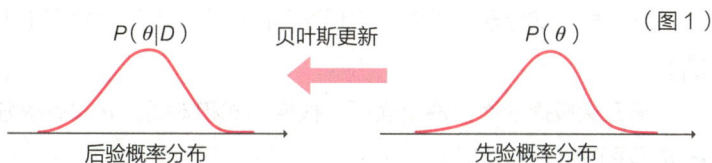

投掷硬币之前,先假设概率

因为 θ 未知,因此它可以取 0 到 1 之间的任意值,并且取值概率都相等。
……不充分理由效应

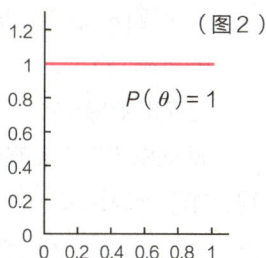

(图 2)

$P(\theta) = 1$

第 1 次出现正面之后 θ 的概率(密度)函数

结果为正面,因此可以认为这是一枚容易出现正面的硬币。

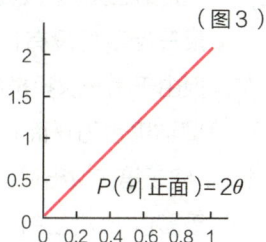

(图 3)

$P(\theta|\text{正面}) = 2\theta$

第二次投掷硬币出现正面后，根据①式和③式，θ的概率分布的$P(\theta|正面)$的计算式如下。

$$P(\theta|正面)=k\times P(正面|\theta)\times P(\theta)=k\times\theta\times 2\theta=2k\theta^2 \quad ④$$

注：$P(正面|\theta)$表示投掷一枚出现正面的概率为θ的硬币时出现正面的概率，因此为θ。当前先验分布$P(\theta)$使用的是第一次后验分布的结果2θ。

此处由于概率分布的面积为1，因此k的值为3/2。因此由④式可以得出如下计算结果。

$$P(\theta|D)=3\theta^2 \quad ⑤$$

这是第二次出现正面时，出现正面的概率θ的后验分布（下一页图4）。

第三次投掷硬币出现反面后，根据①式和⑤式，θ的概率分布的$P(\theta|反面)$的计算式如下。

$$P(\theta|反面)=k\times P(反面|\theta)\times P(\theta)=k\times(1-\theta)\times 3\theta^2 \quad ⑥$$

注：$P(反面|\theta)$表示投掷一枚出现正面的概率为θ的硬币时出现反面的概率，因此为$1-\theta$。当前先验分布$P(\theta)$使用的是第二次后验分布的结果$3\theta^2$。

此处由于概率分布的面积为1，因此k的值为4。因此由⑥式可以得出如下计算结果。

$$P(\theta|反面)=12(1-\theta)\theta^2 \quad ⑦$$

这是第三次出现反面时，出现正面的概率θ的后验分布（图5）。

最开始我们没有任何关于硬币的信息，所以先假设θ为均匀分布。但由于第一次投掷结果为正面导致概率分布急剧上升，并且第二次投掷结果也为正面，说明这枚硬币更可能出现正面（θ更容易取1）。终于第三次出现反面，由此纠正了θ的分布。

重复以上试验并积累经验数据，θ的概率分布将变得更贴近实际情况。通过经验判断θ的概率分布是贝叶斯统计学的基本思想。

第 2 次出现正面之后 θ 的概率密度函数

（图 4）

连续出现 2 次正面，可以认为现在这是一枚比之前更容易出现正面的硬币。

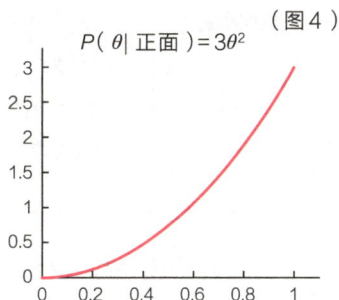

$P(\theta|\text{正面}) = 3\theta^2$

第 3 次出现反面之后 θ 的概率密度函数

（图 5）

因为第一次出现了反面，因此在 $\theta=1$ 即"必然会出现正面"这种情况不复存在。在右图中，$\theta=2/3$ 概率取值达到最大。根据经验，在 3 次投掷中出现了 2 次正面，因此贝叶斯的结论与经验一致。

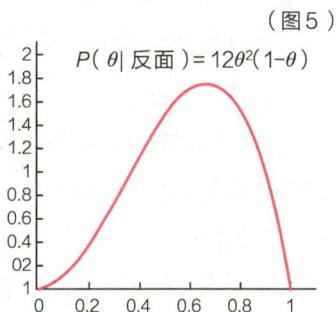

$P(\theta|\text{反面}) = 12\theta^2(1-\theta)$

注：本次试验结果出现的顺序为（正面，正面，反面）。不过，无论出现顺序为（反面，正面，正面）还是（正面，反面，正面），都能得到相同的概率分布。这意味着，数据顺序不影响试验结论。这也就是"顺序合理性"。

重要的统计解析
的应用事例

如何使用贝叶斯理论来筛选垃圾邮件

现代社会中，我们经常使用互联网收发电子邮件，但是也同时会受到垃圾邮件的困扰。本节将使用贝叶斯理论来区分垃圾邮件和普通邮件。

为了筛选出垃圾邮件，首先重点关注"免费""立刻""法律""经济"这四个关键词。调查垃圾邮件和普通邮件中出现这几个关键词的概率，如下页表。

在打开任意一封邮件时，发现以下三个关键词按顺序各出现了一次。

立刻，免费，经济

那么这封邮件到底是垃圾邮件还是普通邮件呢？此时，收到垃圾邮件和普通邮件的比例为7：3。并且这四个关键词在电子邮件中的使用方法是相互独立的（相互之间没有影响）。

接下来，给每个事件命名。

事件H_1：收到的邮件是垃圾邮件

事件H_2：收到的邮件是普通邮件

数据D_1：包含"免费"

数据D_2：包含"立刻"

数据D_3：包含"法律"

数据D_4：包含"经济"

由于检测到关键词的顺序为"立刻""免费""经济"，因此数据的编写方式如下。

[垃圾邮件和普通邮件中关键词出现的概率]

关键词	垃圾邮件	普通邮件
免费	0.7	0.2
立刻	0.6	0.3
法律	0.2	0.5
经济	0.1	0.6

表格里的概率是基于过去的数据计算而得。

[这次收到的邮件]

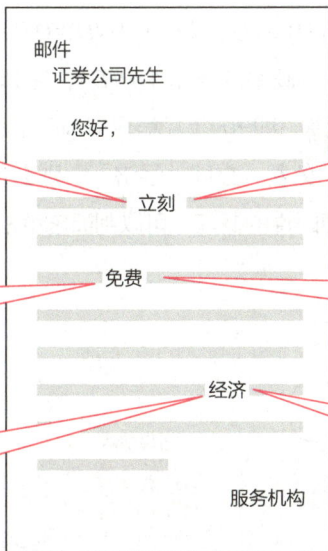

垃圾邮件中出现的概率为 0.6

普通邮件中出现的概率为 0.3

垃圾邮件中出现的概率为 0.7

普通邮件中出现的概率为 0.2

垃圾邮件中出现的概率为 0.1

普通邮件中出现的概率为 0.6

邮件
　证券公司先生

　您好，

　立刻

　免费

　经济

　服务机构

这封邮件是垃圾邮件还是普通邮件?

数据D：D_2、D_1和D_4

最后，按照以下步骤就可以判断收到的邮件到底是垃圾邮件还是普通邮件。

比较$P(H_1|D)$和$P(H_2|D)$，如果$P(H_1|D)$大于$P(H_2|D)$，则收到的邮件是垃圾邮件，如果$P(H_1|D)$小于$P(H_2|D)$，则是普通邮件。这是因为$P(H_1|D)$代表获得数据D，即检测到关键词"立即，自由，经济"之后，收到的邮件是垃圾邮件的概率。$P(H_2|D)$则代表收到的邮件是普通邮件的概率。

根据贝叶斯定理和给定条件进行计算，可以得出如下结果：

$$P(H_1|D)=0.0294k, \ P(H_2|D)=0.0108k$$

式中的k是D发生概率的倒数$1/P(D)$，它是一个正常数，因此$0.0294k$大于$0.0108k$，即$P(H_1|D)$大于$P(H_2|D)$。也就是说，一旦在邮件中检测到关键词"免费，立即，经济"，那么这封邮件是垃圾邮件的概率大于它是普通邮件的概率。可以判断它就是一封垃圾邮件。

[邮件的判断]

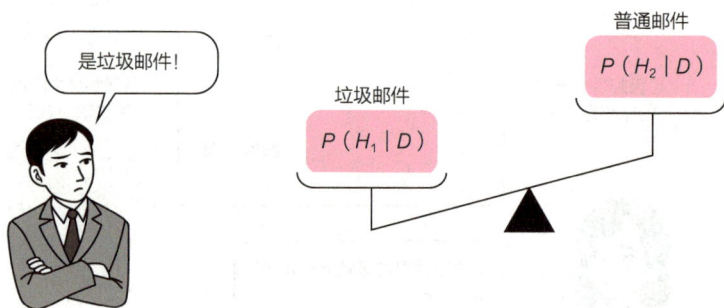

［计算 $P(H_1 \mid D)$ 和 $P(H_2 \mid D)$］

根据贝叶斯定理，

$$P(H_1 \mid D) = \frac{P(D \mid H_1)}{P(D)} P(H_1) = kP(D \mid H_1) P(H_1) \quad ①$$

$$其中，\quad k = \frac{1}{P(D)}$$

$D = D_2$ 且 D_1 且 D_4，并且 D_2，D_1 和 D_4 互相独立，因此，

$$\begin{aligned} P(D \mid H_1) &= P(D_2 \text{ 且 } D_1 \text{ 且 } D_4 \mid H_1) \\ &= P(D_2 \mid H_1) P(D_1 \mid H_1) P(D_4 \mid H_1) \\ &= 0.6 \times 0.7 \times 0.1 = 0.042 \quad ② \end{aligned}$$

垃圾邮件和普通邮件的比例为 7：3，因此，

$$P(H_1) = 0.7 \quad ③$$

由①，②，③可得，

$$P(H_1 \mid D) = kP(D \mid H_1) P(H_1) = 0.0294k$$

同理可得，

$$P(H_2 \mid D) = kP(D \mid H_2) P(H_2) = 0.0108k$$

	H_1（垃圾邮件）	H_2（普通邮件）
D_1（免费）	0.7	0.2

	H_1（垃圾邮件）	H_2（普通邮件）
D_2（立刻）	0.6	0.3

	H_1（垃圾邮件）	H_2（普通邮件）
D_3（法律）	0.2	0.5

	H_1（垃圾邮件）	H_2（普通邮件）
D_4（经济）	0.1	0.6

求解天气预报的概率

下一页表格为某地的气象数据，显示了该地4月1日和4月2日的降雨概率。本节将试着求解4月2日是雨天时4月1日是阴天的概率。

首先，根据贝叶斯定理给每个事件命名：

H_1：4月1日是晴天，H_2：4月1日是阴天

H_3：4月1日是雨天，D：4月2日是雨天

要求4月2日是雨天时4月1日是阴天的概率，只需要求出$P(H_2|D)$即可。根据贝叶斯定理，

$$P(H_2|D)= P(D|H_2)P(H_2)/P(D) \quad ①$$

再根据给定条件，

$P(D|H_2)=$ 4月1日是阴天时4月2日是雨天的概率$=0.5$

先验概率是$P(H_2)=0.6$

要求$P(D)$即D的概率，需要考虑以下三种情况。

（1）H_1且D，即4月1日是晴天且4月2日是雨天

（2）H_2且D，即4月1日是阴天且4月2日是雨天

（3）H_3且D，即4月1日是雨天且4月2日是雨天

根据乘法定理，（1）的概率为：

$$P(H_1且D)=P(D|H_1)P(H_1)= 0.2 \times 0.3=0.06$$

同理可得，

$P(H_2且D)=0.30$，$P(H_3且D)=0.04$

$P(D)$就是这三种情况出现的概率之和，$P(D)=0.06+0.30+0.04=0.4$

因此根据①式可得，$P(H_2|D)=0.5 \times 0.6/0.4=0.75$

[条件]

〈4 月 1 日的天气〉

天气	晴天	阴天	雨天
概率	0.3	0.6	0.1

〈根据 4 月 1 日的天气判断 4 月 2 日是雨天的概率〉

4 月 1 日的天气	晴天	阴天	雨天
4 月 2 日是雨天的概率	0.2	0.5	0.4

[条件模型化]

4 月 2 日是雨天的事件

事件 H_1（1 日是晴天）　　　事件 H_2（1 日是阴天）　　　事件 H_3（1 日是雨天）

$P(D \mid H_1) = 0.2$　　　$P(D \mid H_2) = 0.5$　　　$P(D \mid H_3) = 0.4$　←　似然度

数据 D（2 日是雨天）

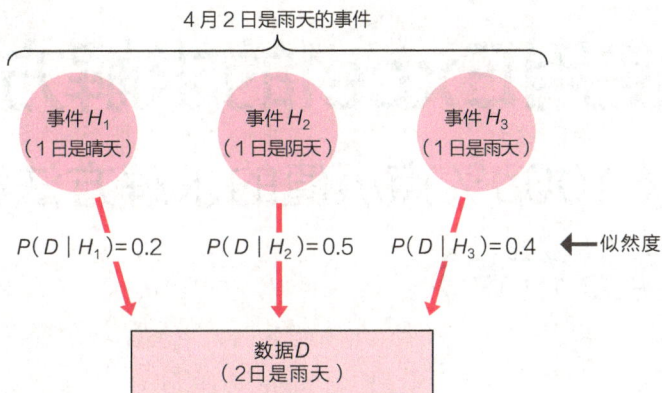

[设定先验概率]

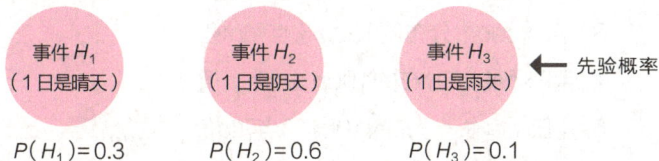

事件 H_1（1 日是晴天）　　　事件 H_2（1 日是阴天）　　　事件 H_3（1 日是雨天）　←　先验概率

$P(H_1) = 0.3$　　　$P(H_2) = 0.6$　　　$P(H_3) = 0.1$

[后验概率的计算]

$$P(H_2 \mid D) = \frac{P(D \mid H_2)}{P(D)} \times P(H_2) = \frac{0.5}{0.4} \times 0.3 = 0.375$$

同理可得，$P(H_1 \mid D) = 0.15$，$P(H_3 \mid D) = 0.1$

←　后验概率

附录 A →

使用Excel的求解方法
（100p%点/p值的求解方法和概率分布表）

注：在这里以Excel 2010版本为例介绍求解方法。

1. 用Excel求二项分布的100p%点和p值

（1）求二项分布的100p%点

$\quad$ BINOM.INV（试验次数,成功概率,概率p）……下侧100p%点

（2）求二项分布的p值

$\quad$ BINOM.DIST（x,试验次数,成功概率,TRUE）……x的下侧p值

$\quad$ BINOMDIST（x,试验次数,成功概率,TRUE）……x的上侧p值

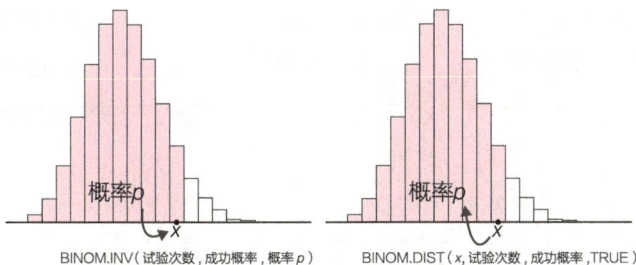

BINOM.INV（试验次数,成功概率,概率p）　　　BINOM.DIST（x,试验次数,成功概率,TRUE）

例：试验次数10，成功概率0.5的二项分布的下侧5%点

试验次数10，成功概率0.5的二项分布中，8的下侧p值

2. 用Excel求正态分布的100p%点和p值

（1）求正态分布的100p%点

NORM.INV（p，平均值，标准差）　　　……下侧100p%点

NORMINV（p，平均值，标准差）　　　……上侧100p%点

NORM.S.INV（p）　　……标准正态分布的下侧100p%点

（2）求正态分布的p值

NORM.DIST（x，平均值，标准差，TRUE）……x的下侧p值

NORMSDIST（x，平均值，标准差，TRUE）……x的上侧p值

NORM.S.DIST（x，TRUE）　　……标准正态分布的下侧p值

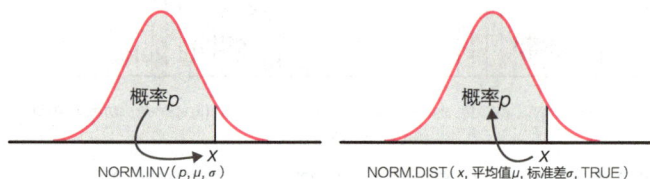

概率p

x

NORM.INV（p, μ, σ）

概率p

x

NORM.DIST（x, 平均值μ, 标准差σ, TRUE）

例：平均值50、标准差10的正态分布的下侧5%点

C2 ▾	f_x =NORM.INV(0.05,50,10)	
	A	B	C
1			
2		正态分布$N(50,10^2)$的下侧5%点	33.55146

平均值50、标准差10的正态分布中，60的下侧p值

D2 ▾	f_x =NORM.DIST(60,50,10,TRUE)	
	A	B	C	D	E
1					
2		正态分布的下侧p值		0.841345	

［参考］标准正态分布的概率分布表

下表表示的是在标准正态分布中随机变量 X 的取值在 $0 \leqslant X \leqslant x$ 之间时，概率 $P(0 \leqslant X \leqslant x)$ 的值。

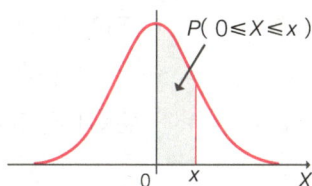

x	0.00	0.01	0.02	0.03	0.04	0.05	0.06	0.07	0.08	0.09
0.0	0.0000	0.0040	0.0080	0.0120	0.0160	0.0199	0.0239	0.0279	0.0319	0.0359
0.1	0.0398	0.0438	0.0478	0.0517	0.0557	0.0596	0.0636	0.0675	0.0714	0.0753
0.2	0.0793	0.0832	0.0871	0.0910	0.0948	0.0987	0.1026	0.1064	0.1103	0.1141
0.3	0.1179	0.1217	0.1255	0.1293	0.1331	0.1368	0.1406	0.1443	0.1480	0.1517
0.4	0.1554	0.1591	0.1628	0.1664	0.1700	0.1736	0.1772	0.1808	0.1844	0.1879
0.5	0.1915	0.1950	0.1985	0.2019	0.2054	0.2088	0.2123	0.2157	0.2190	0.2224
0.6	0.2257	0.2291	0.2324	0.2357	0.2389	0.2422	0.2454	0.2486	0.2517	0.2549
0.7	0.2580	0.2611	0.2642	0.2673	0.2704	0.2734	0.2764	0.2794	0.2823	0.2852
0.8	0.2881	0.2910	0.2939	0.2967	0.2995	0.3023	0.3051	0.3078	0.3106	0.3133
0.9	0.3159	0.3186	0.3212	0.3238	0.3264	0.3289	0.3315	0.3340	0.3365	0.3389
1.0	0.3413	0.3438	0.3461	0.3485	0.3508	0.3531	0.3554	0.3577	0.3599	0.3621
1.1	0.3643	0.3665	0.3686	0.3708	0.3729	0.3749	0.3770	0.3790	0.3810	0.3830
1.2	0.3849	0.3869	0.3888	0.3907	0.3925	0.3944	0.3962	0.3980	0.3997	0.4015
1.3	0.4032	0.4049	0.4066	0.4082	0.4099	0.4115	0.4131	0.4147	0.4162	0.4177
1.4	0.4192	0.4207	0.4222	0.4236	0.4251	0.4265	0.4279	0.4292	0.4306	0.4319
1.5	0.4332	0.4345	0.4357	0.4370	0.4382	0.4394	0.4406	0.4418	0.4429	0.4441
1.6	0.4452	0.4463	0.4474	0.4484	0.4495	0.4505	0.4515	0.4525	0.4535	0.4545
1.7	0.4554	0.4564	0.4573	0.4582	0.4591	0.4599	0.4608	0.4616	0.4625	0.4633
1.8	0.4641	0.4649	0.4656	0.4664	0.4671	0.4678	0.4686	0.4693	0.4699	0.4706
1.9	0.4713	0.4719	0.4726	0.4732	0.4738	0.4744	0.4750	0.4756	0.4761	0.4767
2.0	0.4772	0.4778	0.4783	0.4788	0.4793	0.4798	0.4803	0.4808	0.4812	0.4817
2.1	0.4821	0.4826	0.4830	0.4834	0.4838	0.4842	0.4846	0.4850	0.4854	0.4857
2.2	0.4861	0.4864	0.4868	0.4871	0.4875	0.4878	0.4881	0.4884	0.4887	0.4890
2.3	0.4893	0.4896	0.4898	0.4901	0.4904	0.4906	0.4909	0.4911	0.4913	0.4916
2.4	0.4918	0.4920	0.4922	0.4925	0.4927	0.4929	0.4931	0.4932	0.4934	0.4936
2.5	0.4938	0.4940	0.4941	0.4943	0.4945	0.4946	0.4948	0.4949	0.4951	0.4952
2.6	0.4953	0.4955	0.4956	0.4957	0.4959	0.4960	0.4961	0.4962	0.4963	0.4964
2.7	0.4965	0.4966	0.4967	0.4968	0.4969	0.4970	0.4971	0.4972	0.4973	0.4974
2.8	0.4974	0.4975	0.4976	0.4977	0.4977	0.4978	0.4979	0.4979	0.4980	0.4981
2.9	0.4981	0.4982	0.4982	0.4983	0.4984	0.4984	0.4985	0.4985	0.4986	0.4986
3.0	0.4987	0.4987	0.4987	0.4988	0.4988	0.4989	0.4989	0.4989	0.4990	0.4990

注：该概率分布表由 Excel 的 NORM.DIST 函数创建。

3. 用Excel求t分布的 100p%点和p值

（1）求t分布的100p%点

$T.INV（p，自由度）$ …下侧100p%点

$TINV（p，自由度）$ …上侧100p%点

$T.INV.2T（p，自由度）$ …两侧100p%点

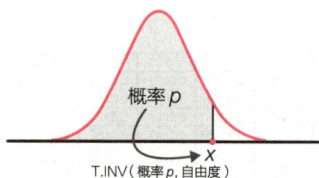

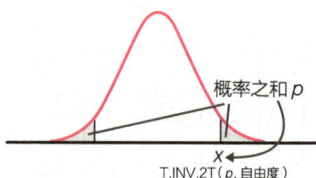

（2）求t分布的p值

$T.DIST（x，自由度，TRUE）$ …x的下侧p值

$T.DIST.RT（x，自由度）$ …x的上侧p值

$TDIST（x，自由度，1or2）$ …x的上侧或下侧p值

（1表示上侧，2表示下侧）

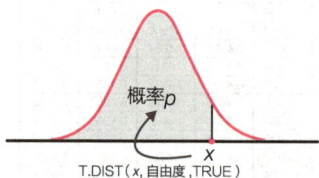

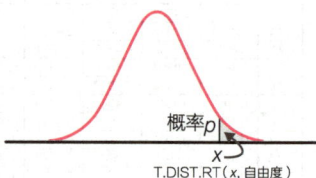

例：自由度19的t分布的两侧5%点

[参考] *t*分布的概率分布表

下表表示的是在自由度f与概率*p*取不同值时，对应的*t*分布的两侧100*p*%点。

f \ p	0.1	0.05	0.02	0.01	0.001
1	6.314	12.706	31.821	63.657	636.619
2	2.920	4.303	6.965	9.925	31.599
3	2.353	3.182	4.541	5.841	12.924
4	2.132	2.776	3.747	4.604	8.610
5	2.015	2.571	3.365	4.032	6.869
6	1.943	2.447	3.143	3.707	5.959
7	1.895	2.365	2.998	3.499	5.408
8	1.860	2.306	2.896	3.355	5.041
9	1.833	2.262	2.821	3.250	4.781
10	1.812	2.228	2.764	3.169	4.587
11	1.796	2.201	2.718	3.106	4.437
12	1.782	2.179	2.681	3.055	4.318
13	1.771	2.160	2.650	3.012	4.221
14	1.761	2.145	2.624	2.977	4.140
15	1.753	2.131	2.602	2.947	4.073
16	1.746	2.120	2.583	2.921	4.015
17	1.740	2.110	2.567	2.898	3.965
18	1.734	2.101	2.552	2.878	3.922
19	1.729	2.093	2.539	2.861	3.883
20	1.725	2.086	2.528	2.845	3.850
21	1.721	2.080	2.518	2.831	3.819
22	1.717	2.074	2.508	2.819	3.792
23	1.714	2.069	2.500	2.807	3.768
24	1.711	2.064	2.492	2.797	3.745
25	1.708	2.060	2.485	2.787	3.725
26	1.706	2.056	2.479	2.779	3.707
27	1.703	2.052	2.473	2.771	3.690
28	1.701	2.048	2.467	2.763	3.674
29	1.699	2.045	2.462	2.756	3.659
30	1.697	2.042	2.457	2.750	3.646
50	1.676	2.009	2.403	2.678	3.496
100	1.660	1.984	2.364	2.626	3.390
∞	1.645	1.960	2.326	2.576	3.291

注：该概率分布表由 Excel 的 T.INV.2T 函数创建。

4. 用Excel求F分布的100p%点和p值

（1）求F分布的100p%点

F.INV（p，自由度1，自由度2） …下侧100p%点

F.INV.RT（p，自由度1，自由度2） …上侧100p%点

FINV（p，自由度1，自由度2） …上侧100p%点

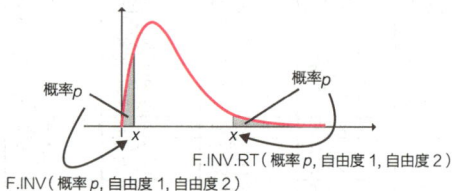

概率p

概率p

x   x

F.INV.RT（概率p, 自由度1, 自由度2）

F.INV（概率p, 自由度1, 自由度2）

（2）求F分布的p值

F.DIST（x，自由度1，自由度2，TRUE） …x的下侧p值

F.DIST.RT（x，自由度1，自由度2） …x的上侧p值

FDIST（x，自由度1，自由度2） …x的上侧p值

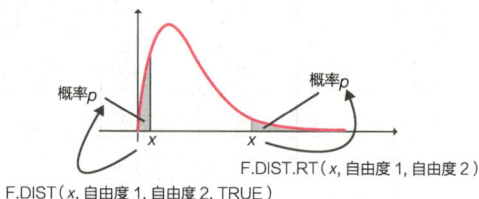

概率p

概率p

x   x

F.DIST.RT（x, 自由度1, 自由度2）

F.DIST（x, 自由度1, 自由度2, TRUE）

例：自由度 19，14 的F分布两侧5%点的下侧点

C2		f_x =CHISQ.INV(0.025,19)	
	A	B	C
1			
2		自由度19，14的F分布的两侧5%点（的下侧）	8.906516

5. | 用Excel求χ^2分布的 $100p\%$点和p值

（1）求χ^2分布的$100p\%$点

CHISQ.INV（p，自由度）　　…下侧$100p\%$点

CHISQ.INV.RT（p，自由度）　…上侧$100p\%$点

CHIINV（p，自由度）　　　…上侧$100p\%$点

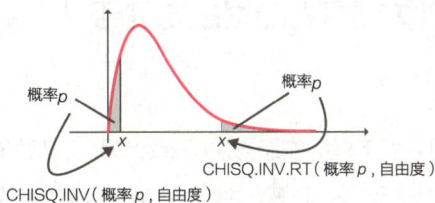

（2）求χ^2分布的p值

CHISQ.DIST（x，自由度，TRUE）　…x的下侧p值

CHISQ.DIST.RT（x，自由度）　　…x的上侧p值

CHIDIST（x，自由度，1or2）　　…x的上侧p值

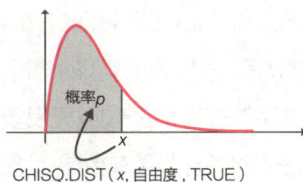

CHISQ.DIST（x，自由度，TRUE）

例：自由度19的χ^2分布两侧5%点的下侧点

C2	▼	f_x =CHISQ.INV(0.025,19)	
	A	B	C
1			
2		自由度19的χ^2分布的两侧5%点	8.906516

附录 B →

使用Excel分析案例
（回归分析/方差分析）

1. Excel分析工具的安装方法(Excel 2010, 2013)

在本书关于回归分析和方差分析的章节中，多处提到使用Excel的"分析工具"（数据分析）进行统计处理。

这些功能统称为"加载项"，是没有包含在Excel的初始版本中的。要安装这些加载项之后才能使用。请按照如下步骤进行安装。

①从Excel菜单栏中选择"文件"→"选项"→"加载项"。

②在"加载项"的下拉菜单中选择"分析工具库"，然后单击"转到"按钮，勾选"分析工具库"和"分析工具库–VBA"，单击"确定"按钮。

完成上述操作后，"数据分析"的菜单将会出现在"数据"选项卡的"分析"栏中。

Excel 的加载项

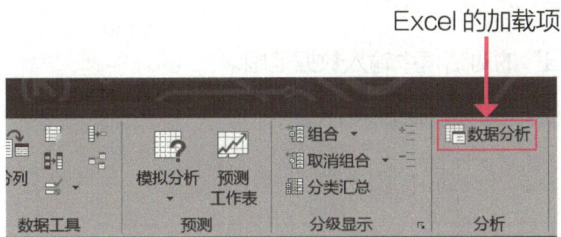

"数据"选项卡

2.

第4章 [一元回归分析，由1个变量预测其他变量]的分析案例

① 在Excel表格中输入分析用的数据。

	A	B	C	D	E
1					
2		年	广告费 x	销售额 y	
3		2010	2	50	
4		2011	3	65	
5		2012	5	55	
6		2013	8	90	
7		2014	10	95	
8					

② 依次点击"数据"→"数据分析"→"回归"。

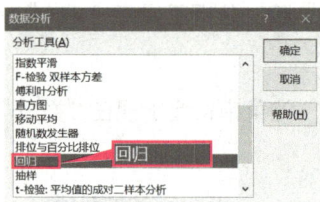

③ 在"回归"的对话框中输入数据范围。

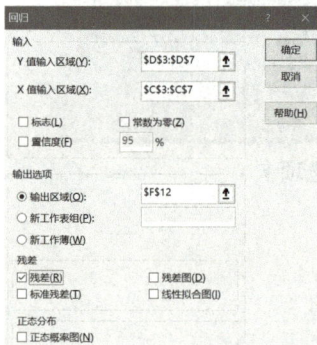

④ 分析工具会自动反馈分析结果，可以与文章中的内容对比。

概要

	回归统计
线性回归系数	0.917219096
拟合系数	0.84129087
调整后的拟合系数	0.788387826
标准误差	9.399366074
观测值	5

方差分析

	自由度	方差	均值方差	F	P值
回归分析	1	1404.955752	1404.955752	15.90250417	0.028233299
残差	3	265.0442478	88.3480826		
总计	4	1670			

	系数	标准误差	t统计量	P值	下限95%	上限95%
截距	39.77876106	8.886280737	4.476424079	0.020781611	11.49864976	68.05887236
X自变量1	5.575221239	1.398071385	3.9877944	0.028233299	1.125934126	10.02450835

RESIDUAL OUTPUT

观测值	预测Y	残差
1	50.92920354	-0.92920354
2	56.50442478	8.495575221
3	67.65486726	-12.65486726
4	84.38053097	5.619469027
5	95.53097345	-0.530973451

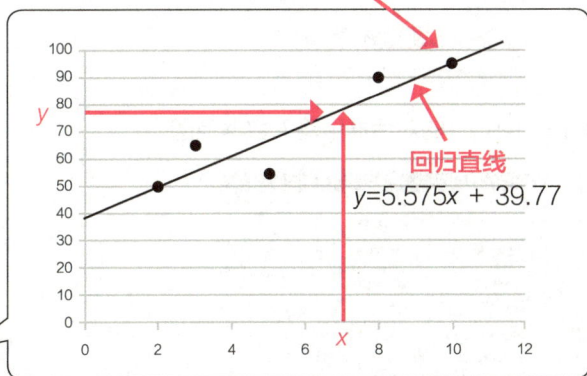

回归直线
$y = 5.575x + 39.77$

3.

第4章 [多元回归分析，由2个以上的变量预测其他变量]的分析案例

① 在Excel表格中输入分析用的数据。

	A	B	C	D	E	F
1						
2		年	广告费 x	员工数 u	销售额 y	
3		2010	2	3	50	
4		2011	3	2	65	
5		2012	5	2	55	
6		2013	8	3	90	
7		2014	10	4	95	
8						

② 依次点击"数据"→"数据分析"→"回归"。

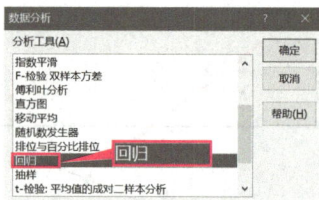

③ 在"回归"的对话框中输入数据范围。

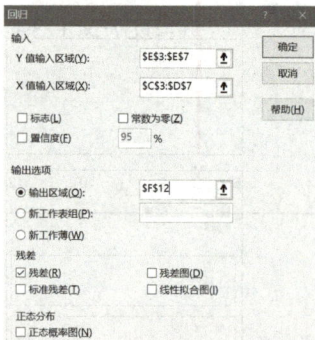

④ 分析工具会自动反馈分析结果，可以与文章中的内容对比。

概要

回归统计	
线性回归系数	0.920037962
拟合系数	0.846469851
调整后的拟合系数	0.692939702
标准误差	11.32244119
观测值	5

方差分析

	自由度	方差	均值方差	F	P值
回归分析	2	1413.604651	706.8023256	5.513378685	0.153530149
残差	2	256.3953488	128.1976744		
总计	4	1670			

	系数	标准误差	t统计量	P值	下限95%	上限95%
截距	35.34883721	20.13609724	1.755495953	0.221259971	-51.28979655	121.987471
X自变量1	5.174418605	2.284151312	2.265357193	0.151726703	-4.653491272	15.00232848
X自变量2	2.38372093	9.177303022	0.259740898	0.819356966	-37.10302697	41.87046883

RESIDUAL OUTPUT

观测值	预测 Y	残差
1	52.84883721	-2.848837209
2	55.63953488	9.360465116
3	65.98837209	-10.98837209
4	83.89534884	6.104651163
5	96.62790698	-1.627906977

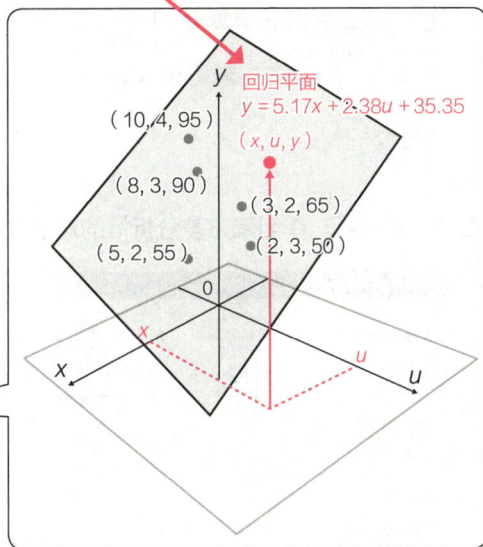

回归平面
$y = 5.17x + 2.38u + 35.35$

4.

第4章 [方差分析的基础是使用 *F*分布的检验]的分析案例

① 在Excel表格中输入分析用的数据。

② 依次点击"数据"→"数据分析"→"方差分析：单因素方差分析"。

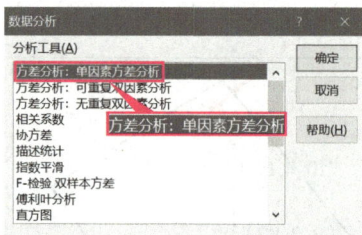

③ 在"方差分析：单因素方差分析"的对话框中输入数据范围。

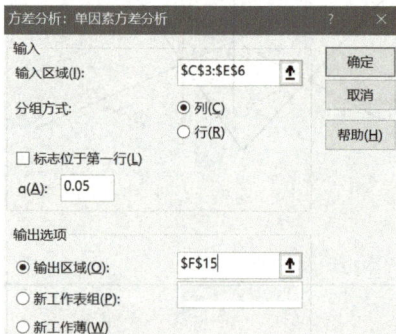

④ 分析工具会自动反馈分析结果，可以与文章中的内容对比。

方差分析：单因素方差分析

概要

组	观测数	求和	平均	方差
列 1	4	232	58	4.666667
列 2	4	256	64	3.333333
列 3	4	244	61	2

方差分析

差异源	方差	自由度	均值方差	F	P值	F临界值
组间	72	2	36	10.8	0.004058	4.256495
组内	30	9	3.333333			
总计	102	11				

$f=\dfrac{s_1^2}{s_2^2}$ 是自由度分别为 2，9 的 F 分布

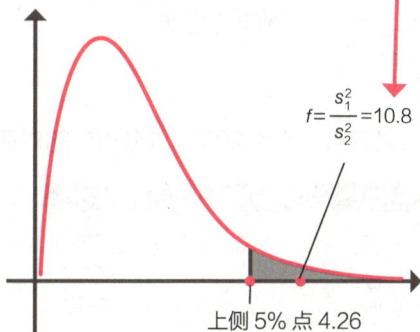

$f=\dfrac{s_1^2}{s_2^2}=10.8$

上侧 5% 点 4.26

5. | 第4章 [双因素的方差分析(无反复)]的分析案例

① 在Excel表格中输入分析用的数据。

② 依次点击"数据"→"数据分析"→"方差分析：无重复双因素分析"。

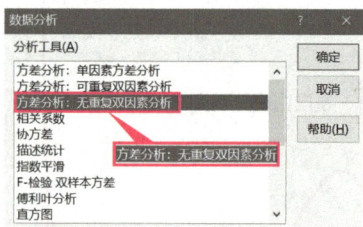

③ 在"方差分析：无重复双因素分析"的对话框中输入数据范围。

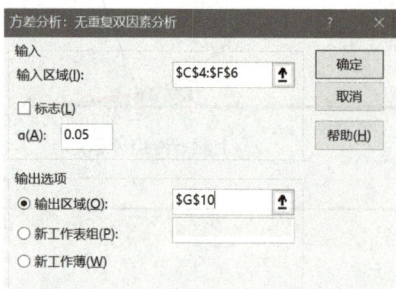

④ 分析工具会自动反馈分析结果，可以与文章中的内容对比。

方差分析：无重复双因素分析

概要	观测数	求和	平均	方差
行 1	4	37.1	9.275	2.489167
行 2	4	46.7	11.675	9.809167
行 3	4	49.1	12.275	13.90917
列 1	3	26	8.666667	1.623333
列 2	3	27.9	9.3	0.13
列 3	3	35.3	11.76667	5.363333
列 4	3	43.7	14.56667	9.843333

方差分析

差异源	方差	自由度	均值方差	F	P值	F临界值
行	20.16	2	10.08	4.395349	0.066756	5.143253
列	64.8625	3	21.62083	9.427689	0.010928	4.757063
误差	13.76	6	2.293333			
总计	98.7825	11				

可以看出误差的波动为组内波动，误差的方差为组内无偏方差。

6.

第4章 [双因素的方差分析(有反复)]的分析案例

① 在Excel表格中输入分析用的数据。

② 依次点击"数据"→"数据分析"→"方差分析：可重复双因素分析"。

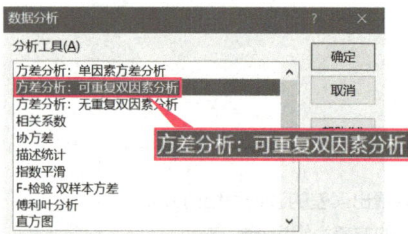

③ 在"方差分析：可重复双因素分析"的对话框中输入数据范围。

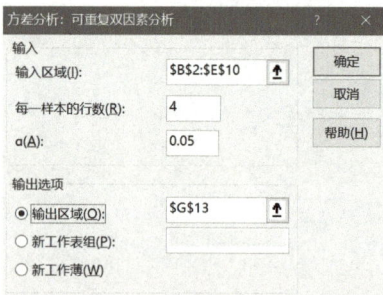

④ 分析工具会自动反馈分析结果，可以与文章中的内容对比。

方差分析：可重复双因素分析

概要	A	B	C	总计
观测数	4	4	4	12
求和	24.6	34.6	46.1	105.3
平均	6.15	8.65	11.525	8.775
方差	2.51	2.51	1.815833	7.125682
观测数	4	4	4	12
求和	23	24.6	19.7	67.3
平均	5.75	6.15	4.925	5.608333
方差	4.483333	2.51	1.815833	2.686288

总计			
观测数	8	8	8
求和	47.6	59.2	65.8
平均	5.95	7.4	8.225
方差	3.042857	3.937143	14.00214

方差分析

差异源	方差	自由度	均值方差	F	P值	F临界值
样本	60.16667	1	60.16667	23.07446	0.000142	4.413873
列	21.22333	2	10.61167	4.069671	0.034818	3.554557
交互	39.77333	2	19.88667	7.626718	0.00399	3.554557
内部	46.935	18	2.6075			
总计	168.0983	23				

可以看出反复误差的波动为组内波动，反复误差的方差为组内无偏方差。由方差分析可以得出结论：肥料和湿度及其相互作用在风险率为5%时，对结果都是有影响的。

7.

第8章 [营养和睡眠对美容是否有效(无反复)]的分析案例

① 在Excel表格中输入分析用的数据。

	A	B	C	D	E
1					
2					
3			A	B	C
4		5小时	-2.00	-3.00	-3.00
5		6小时	-2.00	-1.00	-3.00
6		7小时	0.00	2.00	1.00
7		8小时	4.00	5.00	3.00
8					

② 依次点击"数据"→"数据分析"→"方差分析：无重复双因素分析"。

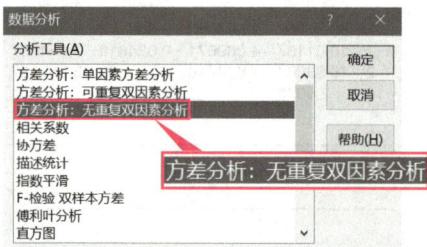

数据分析

分析工具(A)

方差分析：单因素方差分析
方差分析：可重复双因素分析
方差分析：无重复双因素分析
相关系数
协方差
描述统计
指数平滑
F-检验 双样本方差
傅利叶分析
直方图

确定
取消
帮助(H)

方差分析：无重复双因素分析

③ 在"方差分析：无重复双因素分析"的对话框中输入数据范围。

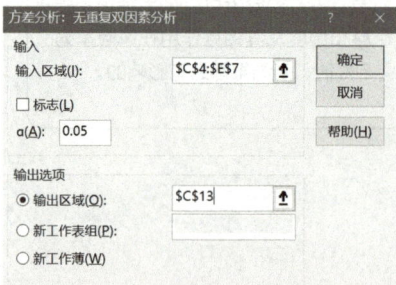

方差分析：无重复双因素分析

输入

输入区域(I): $C$4:$E$7

☐ 标志(L)

α(A): 0.05

输出选项

◉ 输出区域(O): $C$13

○ 新工作表组(P):

○ 新工作薄(W)

确定
取消
帮助(H)

236

④ 分析工具会自动反馈分析结果，可以与文章中的内容对比。

方差分析：无重复双因素分析

概要	观测数	求和	平均	方差
行 1	3	-8	-2.66667	0.333333
行 2	3	-6	-2	1
行 3	3	3	1	1
行 4	3	12	4	1
列 1	4	0	0	8
列 2	4	3	0.75	12.25
列 3	4	-2	-0.5	9

方差分析

差异源	方差	自由度	均值方差	F	P值	F临界值
行	84.25	3	28.08333	48.14286	0.000137	4.757063
列	3.166667	2	1.583333	2.714286	0.144703	5.143253
误差	3.5	6	0.583333			
总计	90.91667	11				

可以看出误差的波动为组内波动，
误差的方差为组内无偏方差。

第8章 [营养和睡眠对美容是否有效(有反复)]的分析案例

① 在Excel表格中输入分析用的数据。

② 依次点击"数据"→"数据分析"→"方差分析:可重复双因素分析"。

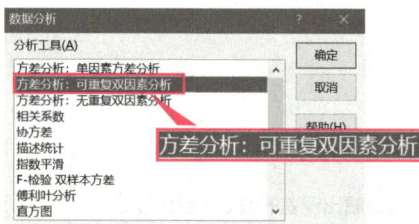

③ 在"方差分析:可重复双因素分析"的对话框中输入数据范围。

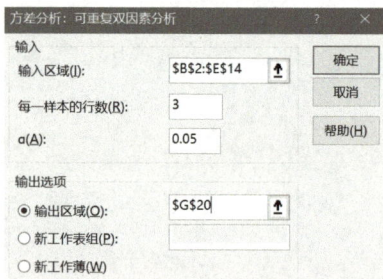

④ 分析工具会自动反馈分析结果，可以与文章中的内容对比。

方差分析：可重复双因素分析

概要	A	B	C	总计
5				
观测数	3	3	3	9
求和	-5	-6	-10	-21
平均	-1.66667	-2	-3.33333	-2.33333
方差	0.333333	1	0.333333	1
6				
观测数	3	3	3	9
求和	-4	-4	-7	-15
平均	-1.33333	-1.33333	-2.33333	-1.66667
方差	0.333333	0.333333	2.333333	1
7				
观测数	3	3	3	9
求和	1	4	3	8
平均	0.333333	1.333333	1	0.888889
方差	0.333333	0.333333	1	0.611111
8				
观测数	3	3	3	9
求和	7	12	10	29
平均	2.333333	4	3.333333	3.222222
方差	0.333333	1	0.333333	0.944444
总计				
观测数	12	12	12	
求和	-1	6	-4	
平均	-0.08333	0.5	-0.33333	
方差	2.992424	6.636364	8.424242	

方差分析

差异源	方差	自由度	均值方差	F	P值	F临界值
样本	174.5278	3	58.17593	87.26389	4.76E-13	3.008787
列	4.388889	2	2.194444	3.291667	0.05454	3.402826
交互	8.055556	6	1.342593	2.013889	0.103191	2.508189
内部	16	24	0.666667			
总计	202.9722	35				